기술혁신의 경제학

김 인 걸

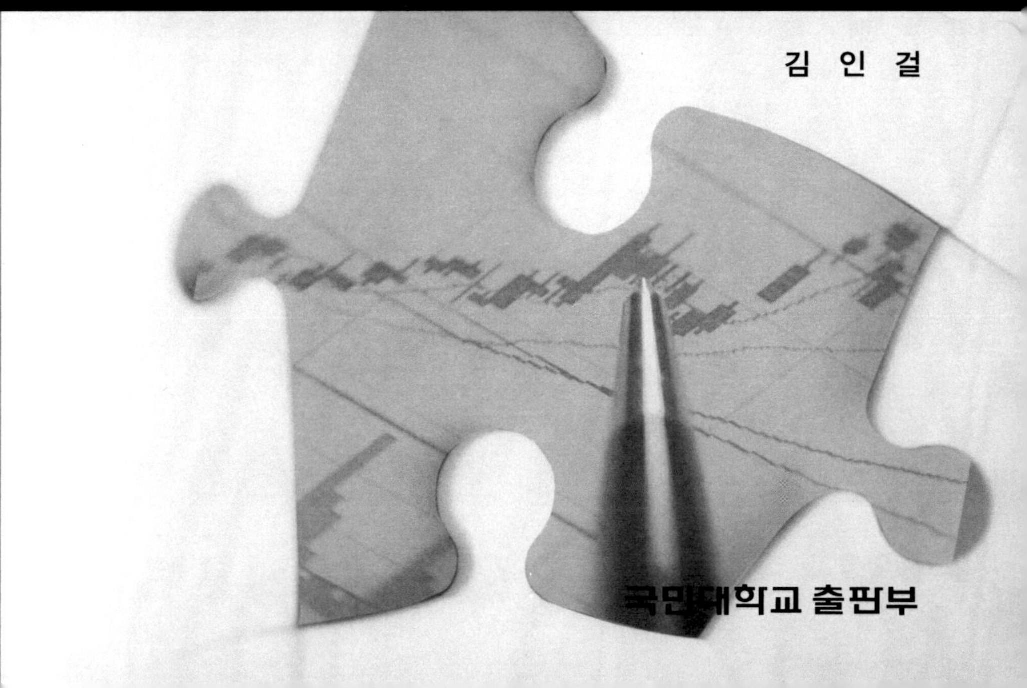

국민대학교 출판부

목 차

1. 서론

인류가 지구상에 그 모습을 나타낸 이래로 인류의 생활은 끊임없이 다양한 형태의 발명에 의해서 영향을 받아왔다. 특히 증기기관, 전화, 자동차 그리고 컴퓨터의 발명과도 같은 획기적인 발명들은 인류의 생활방식을 완전히 바꾸어 놓을 만큼 우리의 생활에 엄청난 영향력을 행사하였다.

과거 한때 공상과학만화에서나 꿈꿀 수 있었던 제품들이 발명과 기술혁신을 통해 모든 사람들이 일상적으로 사용하는 평범한 물건이 되는 일들이 자주 발생하고 있다. 발명에 의해 창조된 완전히 새로운 제품은 전에는 충족되지 못하였던 인간의 욕구를 충족시켜 주었으며, 발명과 기술혁신이 가져다준 기존 제품의 생산 효율성의 증대는 제품 가격을 하락시켜 일반대중에 의한 대량소비를 가능하게 하였다. 기술진보는 이러한 방식으로 인류의 복지 향상에 크게 기여하고 있다.

기술진보가 이처럼 인류의 생활에 크게 기여하였음에도 기술진보의 문제는 과거 오랜 기간 동안 경제학에서 제대로 분석되지 못하였다. 기술진보가 경제성장에 큰 영향을 미친다는 점은 Adam Smith, Karl Marx, Alfred Marshall 등 경제학의 대가들에 의해 그들의 저서에서 지속적으로 언급되어져 왔으나 분석의 어려움 때문에 기술진보는 그 내용을 잘 알 수 없는 블랙박스로 취급되어 왔던 것이다.[1)]

경제학에서는 1950년대에 이르러서야 기술진보의 중요성과 기술진보가 인류에게 미친 영향이 제대로 인식되고 분석되기 시작하였다. 1950년대 초까지는 경제성장은 대부분 노동자 1인당 자본의 증가에

1) Adam Smith는 그의 저서 『국부론』의 첫 장에서 기계의 성능개선(improvements in machinery) 문제를 다루고 있으며 Karl Marx도 그의 저서 『자본론』에서 자본가계급은 끊임없는 생산수단의 지속적, 획기적 성능개선 없이는 존재할 수 없다는 점을 강조하여 기술혁신의 중요성을 강조하고 있다. Alfred Marshall도 지식이 경제성장의 주요한 원동력이라고 서술하고 있다.

기인한다고 보았으나 이차대전후에는 다양한 연구의 결과로 경제성장의 중요한 원인이 기술진보라는 사실이 밝혀지게 되었다.2)

우리는 본 저서에서 이처럼 경제성장에 커다란 영향을 미치는 중요한 요소이지만 동시에 분석하기 어려운 주제인 기술진보와 관련된 다양한 내용들을 체계적으로 정리하고 설명하여 기술진보에 관한 독자들의 이해의 정도를 높이고자 한다.3)

2. 기술진보와 관련한 변화추세

시간의 경과에 따라 기술진보와 관련하여 다양한 추세적 변화가 나타나고 있다. 그 중에서도 특히 중요한 변화는 산업체의 연구개발활동이 점점 더 전문화하고 있으며 발명과 기술혁신사이의 시차가 계속 감소하고 있다는 점이다.

(1) 산업체의 연구개발활동의 전문화4)

---

2) Kamien & Schwarz(1982)에 의하면 이차대전후에는 많은 식민지가 독립하게 되었고 그 나라들은 대부분 가난하여 어떻게 하면 빨리 국가경제를 발전, 성장시킬 수 있는가가 매우 중요한 문제로 부각되었다. 그 결과 과거의 경제성장의 원천이 무엇인가에 대한 연구가 많이 행해지게 되었다. Solow(1957), Abramovitz(1957), E. Denison(1967)등의 연구 결과 기술진보가 경제성장의 중요한 원인임이 밝혀지게 되었다.

3) 기술진보 즉 기술의 생산은 일반적 재화의 생산함수와 유사한 기술생산함수를 이용하여 분석할 수 있다. 일반적 생산함수는 오늘 생산요소를 투입하면 오늘 생산이 이루어진다는 점에서 정태적 분석이고 또 투입된 요소로부터 나올 수 있는 생산물의 양이 거의 확실하다는 점에서 확실성하의 분석이어서 분석이 상대적으로 쉽다. 그 반면에 기술생산함수는 오늘 연구원과 기자재를 투입하여 연구를 해도 그 결과물(기술)이 오늘 당장 나오는 것은 아니라는 점에서 동태적 분석이며 그 결과물(기술)이 내일 나올지, 1년 후에 나올지, 10년 후에 나올지 불명확하다는 점에서 불확실성하의 분석이어서 분석이 상대적으로 매우 어렵다.

4) Freeman and Soete(1997), p.9-p.10에 나온 내용을 정리하였으며 필요한 경우에는 보충적 설명을 추가하였음.

산업체의 연구개발활동은 시간이 지남에 따라 점점 더 전문화, 직업화하고 있다.5) 옛날에도 기술진보가 급격히 일어났으나 기술의 수준은 경험과 기계적 발명능력을 가진 사람이 직접적 관찰과 소규모 실험을 하면 충분히 개선시킬 수 있을 정도로 낮았다. 따라서 18세기 Adam Smith의 시대에 기술진보는 주로 직접 생산에 종사하는 노동자들에 의해 이루어졌다. 이 시대 특허의 대부분은 생산작업에 종사하는 동시에 연구개발작업을 수행하였거나, 퇴근 후 개인적으로 연구개발작업을 수행하였던 기술자 또는 기계공에 의해 취득되었다. 연구개발활동의 대부분이 연구개발을 주 임무로 하는 전임연구원에 의해 이루어진 것이 아니라, 제품의 생산활동에 종사하는 것이 주 임무인 비상근연구원인 기술자 또는 기계공에 의해 이루어졌었다.

그러나 시간이 지남에 따라 산업체의 R&D(연구개발)활동에서의 기술자 또는 기계공의 역할은 감소하고 연구개발을 주 임무로 하는 전임연구원의 역할이 증가하고 있으며 현대에 이르러서는 전임연구원의 역할은 더욱 크게 확대되었다.

이렇게 되는 이유는 현대의 산업체 R&D가 갖는 여러 가지 특징에 기인한다. 현대의 산업체 R&D의 특징은 첫째, 그 규모가 매우 크다는 점이다. 현대에 와서는 연구개발에 드는 비용이 크고 또 그 크기가 시간이 지남에 따라 계속 더 크게 증가하고 있다. 따라서 개인이 개인적으로 연구개발 비용을 감당하기는 점점 더 어려워지게 되어 개인발명가의 역할은 감소할 수밖에 없었으며, 높은 비용을 감당할 수 있는 기업 특히 대기업 연구소와 그 연구소의 전문적 연구원의 역할이 크게

5) 그렇다고 하여 기계공이나 개인적 발명가의 역할이 완전히 사라지는 것은 아니다. 중요한 발명들은 여전히 상당부분 기계공이나 개인적 발명가에 의해 이루어지고, 새로운 제품이나 생산과정이 발명된 후에 실제로 그 생산과정을 움직이는 노동자들에 의해 많은 추가적 개선이 이루어진다. 그러나 연구개발활동의 중심이 기계공이나 개인적 발명가로부터 전문적 연구원으로 옮겨가고 있다는 것은 의심할 여지없는 사실인 것이다. 시간이 지남에 따라 개인발명가와 기계공의 역할은 감소하고 전문화된 연구원(특히 대기업 연구소의 연구원)의 역할은 점점 더 커져가고 있다.

증가할 수밖에 없었다.

둘째, 현대의 연구개발활동은 고도로 복잡한 과학적 지식을 필요로 하고 있다. 옛날에는 기술의 수준이 별로 높지 않아서 생산활동에 상당기간 종사하면 생산활동에 사용되는 기술을 완전히 이해할 수 있었고 또 문제점도 파악하여 문제점을 개선해 나갈 수 있어서 기술자나 기계공이 충분히 기술수준을 높이는 연구개발활동을 할 수 있었다. 그러나 최근에 올수록 기술의 수준은 급격히 높아지게 되어서 생산활동에 직접 종사하여 실제적 경험을 쌓는 것만으로는 생산활동에 사용되는 기술을 충분히 이해할 수 없게 되었다. 기술을 완전히 이해하여 기술수준을 높이거나 기술진보를 이루기 위해서는 추가적으로 오랫동안의 교육을 통한 전문적 지식의 습득이 필요하게 되었다. 따라서 최근에 올수록 기술수준의 향상을 위한 연구개발활동에서 석박사학위를 획득한 전문적 연구원들의 역할이 더욱더 커질 수밖에 없게 되었다.

셋째, 최근에 올수록 생산현장에서의 노동의 분화가 심화되어 노동자들의 전체공정에 대한 이해도가 크게 감소하고 있다.[6)][7)] 노동의 분

6) 생산활동에 종사하는 노동자들은 2가지 측면에서 소외, 즉 제품소비로부터의 소외와 생산과정으로부터의 소외를 경험하게 된다. 이중에서 노동분화의 심화로 인해 주로 발생하게 되는 소외는 생산과정으로부터의 소외라고 할 수 있다. 이들을 좀 더 자세히 설명해 보면 다음과 같다.
첫째, 제품소비로부터의 소외는 노동자들이 제품을 생산하기는 하지만 그 제품의 가격이 노동자의 임금에 비해 매우 비싸서 노동자 자신은 자기가 생산한 제품을 소비하지 못하고 소외되는 것을 의미한다. 다시 말해서 제품소비로부터의 소외는 노동자들이 생산활동에 대한 그들의 기여도에 따라 받아야할 정당한 대가를 받지 못하고 착취당하고 있음을 의미한다. 만약 이러한 일이 일어난다면 노동자들의 사기는 매우 저하될 것이며 노동자들의 삶의 질은 매우 열악한 수준에 머물러 있게 될 것이다. 이러한 소외는 오래 지속되어서는 안되며 경제가 성장하고 선진화함에 따라 결국 사라지게 된다. 한국도 1988년 서울올림픽 이전까지는 제품소비로부터의 소외현상이 상당히 광범위하게 나타나고 있었다. 예를 든다면 현대자동차의 노동자들이 자동차를 구입할 수 없었고, 삼성전자의 노동자들이 칼라TV를 구입할 수 있는 구매력을 갖지 못하였다. 그러나 1988년의 서울올림픽을 기점으로 시작된 격렬하고 지속적인 노동운동은 노동임금을 크게 상승시키고 그 결과 노동자의 구매력을 크게 향상시켜서 제품소비로부터의 소외를 크게 감소시켰다. 오늘날 현대자동차 공장의 주차장이 노동자들이 타고 온 차들로 가득 차있다는 사실은 이를 잘 보여주고 있다.

둘째, 생산과정으로부터의 소외는 노동자들이 제품의 생산활동에 종사하고 있지만 전반적 생산과정을 거의 이해하지 못하고 있음을 의미한다. 다시 말해서 노동자들이 1-2가지의 생산작업을 반복적으로 계속 수행하고 있지만 그 밖의 다른 작업에 대해서는 전혀 알지 못하여 자신이 생산하는 제품이 어떻게 만들어지고 어떤 원리로 작동하는지를 전혀 이해하지 못하고 있음을 의미한다. 이것은 노동분화가 극도로 심화되어 나타나는 현상으로 오늘날에도 여전히 광범위하게 존재하고 있는 소외현상이라고 할 수 있다.

7) 생산체제의 변화에 따라 노동자들이 생산과정을 이해하는 정도는 크게 달라지고 있으며 오늘날에도 어떤 생산체제에 가까우냐에 따라 생산과정에 대한 이해도에 차이가 있게 된다.

생산체제는 크게 수공업시대의 장인-도제 체제, 미국의 컨베이어-벨트 체제(conveyer belt system) 그리고 일본의 팀워크 체제(teamwork system)의 3가지로 나눌 수 있다.

장인-도제 체제하에서는 노동자는 오랜 견습생활을 통해 생산의 모든 과정을 확실하고 완벽하게 이해하게 된다. 그래서 장인이 되면 생산과정의 완전이해를 바탕으로 다양한 기술혁신을 할 수 있게 된다. 이 체제는 제품을 많이 생산하지는 못하며 따라서 수요가 별로 많지 않은 시대에 적합한 생산체제이다.

그 후 소득의 증대와 시장의 확대로 제품에 대한 수요가 폭발적으로 증가하게 되어 더 이상 장인-도제 체제로는 수요를 충족시킬 수 없게 되어 이 체제는 붕괴하게 되고 컨베이어-벨트 체제가 그 뒤를 잇게 된다.

포드자동차의 창시자 헨리 포드가 개발한 컨베이어-벨트 체제는 수요의 급격한 증가에 발맞춰 제품의 생산과 공급을 급격히 증가시키기 위해 개발되었다. 이 시기에 소득은 증가하였지만 절대소득수준은 별로 높지 않아서 소비자들은 제품의 디자인, 차별화를 중요시하는 단계에 도달하지 못하였으며 단지 작동이 잘 되는 제품을 싸게 살 수 있다면 만족하는 상태였다. 따라서 한 두 가지 제품을 대량으로 생산하여 공급할 수 있으면 좋은 상황이었다. 이와 같은 소품종 대량생산에 적합하게 개발된 것이 컨베이어-벨트 체제이다. 컨베이어-벨트 체제는 작업장에 컨베이어-벨트를 설치하여 노동자들은 고정된 자리를 지키게 하고 완성되지 않은 제품을 이동시켜서 노동자의 작업을 통해 완성된 제품을 생산하게 하는 방식이다. 생산라인에서 한 종류의 제품만을 계속 생산하게 하고 또 생산과정을 잘게 쪼개서 노동자들은 생산과정 중 한 두 가지만 반복하게 하여 반복생산을 통한 효율성 증대를 통해 대량생산을 가능케 하는 방식이다. 극도의 분업화를 통해 노동자들이 자신이 맡은 작업에 대한 효율성은 증대시킬 수 있겠으나 노동자가 전반적 생산과정에 대하여 전혀 이해할 수 없게 되고 그 결과 노동자가 기술혁신을 할 수 있는 가능성이 거의 없게 된다.

컨베이어-벨트 체제하에서 경제는 계속 발전하고 시간이 경과함에 따라 소비자들의 소득은 계속 증가하게 된다. 그 결과 소비자들은 더 이상 개성없는 값싼 제품에 만족할 수 없는 단계에 도달하게 되며 개별 소비자의 차별화된 수요를 만족시킬 수 있는 독특한 디자인과 품질, 기능면에서 차별화된 제품을 점점 더 선호하게 된다. 따라서 차별화된 다양한 제품들을 조금씩 생산해야하는 필요성이 점점

화가 심화될수록 노동자들이 전체의 공정을 이해할 수 있는 정도는 점점더 감소되고 결국 노동자들이 새로운 기술을 개발할 수 있는 가능성은 점점더 줄어들게 된다. 그 반면에 대학원교육을 통해 최신의 학문적 지식을 습득한 고도로 훈련된 전문인력은 생산공정과 제품의 작동원리를 완벽히 이해하고 있어서 기존의 기술수준을 넘어서는 새로운 기술을 개발할 수 있는 충분한 능력을 갖게 된다. 따라서 이처럼 고도로 훈련된 전문연구인력을 확보하고 그와 함께 현존기술과 관련된 폭넓은 정보제공능력, 최신의 과학적 장비들을 갖춘 기업체 부설연구소가 새로운 기술의 개발면에서 개인발명가 또는 노동자들보다 당연히 더 큰 이점을 갖게 되어 더 큰 역할을 하게 된다.

위와 같은 이유로 시간이 경과할수록 산업체의 연구개발활동은 전문화하고 있다. 개인발명가나 노동자의 역할은 감소하고 연구개발활동은 주로 연구활동을 직업으로 하는 전임연구원들에 의해 수행되게 되었다.

더 커지게 되는데 컨베이어-벨트 체제는 이를 만족시키기 어렵게 되어 새로운 생산체제가 필요하게 된다. 다품종 소량생산에 적합한 생산체제로 개발된 것이 일본의 팀워크 체제이다. 팀워크 체제는 한 생산라인에서 여러 종류의 약간씩 차별화된 제품들을 번갈아 가면서 생산하게 된다. 이를 위해 팀워크 체제는 컨베이어-벨트 체제보다 생산과정을 좀 더 통합하여 제품의 큰 부분들을 팀별로 생산하게 한 후 그것들을 조립하여 완제품을 만드는 방식을 취하고 있다. 노동자들은 소속된 팀에서 부분 제품의 생산 시 여러 가지 다양한 작업을 수행하고 또 일정 기간 후에는 수행하는 작업을 바꾸어서 다양한 경험을 쌓고 그 후 6개월정도후에는 다른 부분의 생산팀으로 이동하여 전혀 새로운 생산작업을 다양하게 수행하게 된다. 이러한 과정을 통해 노동자들은 생산과정의 상당히 많은 부분들을 이해하게 되어 생산과정에 관한 사소한 혁신들은 충분히 가능하게 된다. 이와 함께 노동자들도 언제든지 자신의 새로운 아이디어를 경영진에게 전달할 수 있는 의사전달통로가 원활하게 작동되어서 자신의 혁신아이디어를 개진하고 채택되게 할 수 있게 된다. 팀워크 체제는 컨베이어-벨트 체제에 비해 다품종 소량생산에 유리할 뿐 아니라 노동자들의 사소한 기술혁신을 통한 생산성 증대에도 유리한 체제이다. 생산체제가 컨베이어-벨트 체제에 가까운지, 아니면 팀워크 체제에 가까운지에 따라 노동자들의 생산과정에 대한 이해도에는 차이가 있지만 수공업체제에 비해서는 생산과정에 대한 이해의 정도가 크게 떨어진다는 면에서 생산과정으로부터의 소외는 지금도 여전히 존재하고 있다고 볼 수 있다.

(2) 발명과 기술혁신사이의 시차의 감소[8)]

발명과 기술혁신에 대한 그래프 〈그림1〉, 〈그림2〉를 보면 시간이 경과함에 따라 발명과 기술혁신사이의 시차가 점점 감소하고 있음을 알 수 있다.[9)]

〈그림 1〉은 화학산업, 전자산업, 기타산업(화학과 전자를 제외한

---

8) Gomulka(1990), p.35-p.38에 나온 내용을 정리하였으며 필요한 경우에는 보충적 설명을 추가하였음.

9) 발명(invention)과 기술혁신(innovation)은 비슷하지만 상당한 차이가 있는 용어들이다. 발명과 기술혁신은 앞으로도 자주 사용될 용어들로 그 차이를 먼저 명확히 설명하는 것이 앞으로 독자들이 겪을지도 모를 불필요한 개념의 혼동을 피하는데 도움이 될 것이다.
발견(discovery)은 자연현상의 어떤 개념, 원리, 법칙 등을 찾아내는 것을 의미한다. 따라서 이미 존재하는 것을 찾아내는 것 일뿐 발명처럼 새로운 것을 창조하는 것은 아니다.
발명은 좀 더 개선된 또는 완전히 새로운 장치, 제품, 생산과정, 생산체제에 대한 착상(idea), 초안 또는 모형을 말한다. 새로운 장치, 제품, 생산과정들의 작동원리를 논리적으로 설득력 있게 설명하거나 새로운 제품과 생산과정이 실제로 작동하는 것을 소규모 모형을 이용하여 설명하면 발명이 되는 것이다. 예를 들어 소형의 장난감 증기기관차를 만들어 증기기관차가 장난감 철로를 달리는 것을 보여줄 수 있으면 증기기관이 발명되었다고 말할 수 있다.
이처럼 증기기관의 발명은 증기기관의 작동원리가 완전히 규명되고 이해됨을 의미한다. 그러나 그렇다고 해서 우리가 증기기관차를 일상생활의 수송수단으로 즉각적으로 이용할 수 있는 것은 전혀 아니다. 이를 위해서는 제품을 대형화하고 대량으로 생산하고 생산비용(그리고 제품가격)을 절감하여 제품의 수요가 상당한 수준에 도달하게 하는 추가적 연구가 필요하게 된다.
기술혁신은 이러한 과정이 완성될 때 이루어진다. 다시 말해서 기술혁신은 새로운 제품, 생산공정, 장치, 생산체제 등이 처음으로 상업적으로 거래될 때에야 달성되어지는 것이다. 상업적 거래를 위해서는 제품이 사용할 수 있을 만큼 커야하고 원하는 사람들이 다 사용할 수 있을 만큼 생산량도 많아야 하고 또 가격이 소비자들이 지불할 용의가 있는 범위 이내로 하락하여야 한다. 예를 들어 증기기관차를 상업화하기 위해서는 증기기관차가 사람이 탈 수 있을 만큼 커야 하고 기차표의 가격이 여행객이 지불할 수 있을 만큼 저렴하여야 하고 많은 사람들이 사용하기 위해서는 대량생산이 이루어져야 한다.
결국 발명 후에도 상업화하는 데는 오랜 시간과 많은 돈이 필요하게 된다. 발명만으로는 돈을 벌 수 없으며 많은 돈을 벌기 위해서는 기술혁신이 이루어져 상업적인 대량거래가 이루어져야만 할 것이다. 따라서 기술개발의 과정에서 가장 중요한 것은 누가 가장 먼저 기술혁신을 달성하느냐 하는 것이다.

다른 모든 산업)에 대한 자료를 이용하여 산업별로 발명과 발명의 최초의 응용(기술혁신)사이의 시차를 보여주고 있다. 모든 경우에 1700년대 초에는 시차가 100년에 가까웠으나 1900년대에 이르면 시차가 크게 줄어듦을 볼 수 있다. 1900년에 이르면 전자산업은 시차가 20년으로 줄어들고 있으며, 화학산업의 경우에는 그보다 더 크게 감소하여 시차가 10년으로 줄어들고 있다. 기타산업의 초기발명의 경우 1840년에 시차가 20년으로 줄어들고 있으며 기타산업의 좀더 최근의 발명의 경우 1940년에 이르면 시차는 평균적으로 약 5년으로 줄어들고 있다.

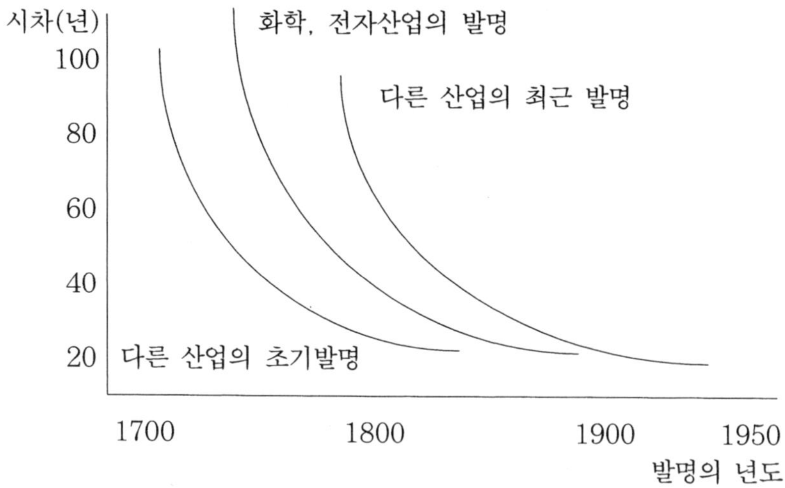

자료: Gomulka(1990), p.36.

〈그림 1〉 발명과 기술혁신 사이의 시차

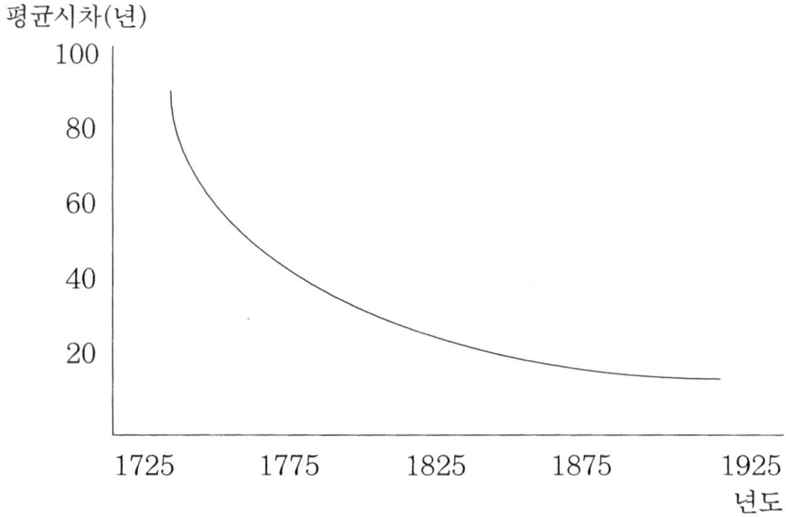

자료: Gomulka(1990), p.37.

〈그림 2〉 발명과 기술혁신사이의 평균시차

모든 산업을 하나로 통합하여 비교한 경우에도 시간의 경과에 따라 발명과 기술혁신의 시차가 감소하고 있음을 확인할 수 있다.(〈그림 2〉 참조) 〈그림 2〉는 모든 산업을 하나로 통합하여 년도 별 평균시차를 구하여 시차의 변화를 분석하고 있는데 이 그래프에 의하면 1725년경에는 시차가 90년이었으나 1925년에는 시차가 20년 정도로 크게 감소하고 있음을 알 수 있다. 〈그림 1〉, 〈그림 2〉를 보면 시간의 경과에 따라 시차가 감소하며 동시에 그 감소가 지속적으로 계속 나타나고 있음을 알 수 있다.

이처럼 발명과 기술혁신사이의 시차가 계속 감소하는 것은 시간이 지남에 따라 발명이 가져다줄 경제적 잠재력이 기업들에 의해 좀 더 빨리 인식되고 좀 더 빨리 개발되고 상품화되기 때문이다. 옛날에는 기업들 간의 경쟁이 치열하지 않아서 기업들이 경제적 잠재력이 상당히 있는 기술이 발명되어도 새로운 기술의 잠재력을 즉각 인식하지 못하는 경우가 많았다. 그 결과 경제성이 있는 기술도 발명 후 오랜 기간 동안 방치된 채 상품화되지 못하는 경우가 많았다. 이때에는 새로운 기술을 발명하는 능력이 없더라도 발명된 기술의 경제적 잠재력을 찾아내는 능력이 뛰어나면 남보다 앞선 기술혁신에 성공하여 큰 돈을 벌 수 있었다. 자체적 발명 능력이 없어도 남이 발명한 기술에 대한 소비자의 수요를 남보다 빠르게 정확히 예측하는 능력이 있으면 남보다 한발 앞서 발명된 기술을 상업화하여 성공할 수 있는 것이다. 따라서 기술개발능력이 중요하였으나 절대적인 것은 아니었다.

그러나 최근에 올수록 기업들 간의 경쟁은 점점 더 치열해치고 기존의 발명의 경제적 잠재력을 찾아내어 개발하려는 노력은 점점 더 치열해져서 경제성 있는 기술이 발명 후 오랜 기간 동안 방치되는 경우는 거의 없게 되었다. 따라서 발명된 기술은 누군가에 의해 빠른 속도로 기술혁신 되고 상업화되게 되어서 발명과 기술혁신사이의 시차는 점점 감소하게 되었다. 발명과 기술혁신사이의 시차가 줄어들수록 남의 발명을 상업화하여 성공할 가능성은 크게 줄어들게 된다. 최근에 올수록 경제적 잠재력은 크지만 인식하지 못하여 개발되지 않고 남겨진 발명은 거의 없게 되어서 남보다 먼저 기술혁신에 도달하여 큰 이익을 얻기 위해서는 스스로 발명하고 그 기술을 이용하여 기술혁신을 하는 과정을 밟을 수밖에 없게 되었다.[10)]

결국 발명과 기술혁신사이의 시차의 감소는 원천기술의 보유의 중

---

10) Rosegger(1986) p.164의 표 8.3에 따르면 1953년에서 1973년 사이에 발생한 미국의 기술혁신 246건의 72%는 동일회사 내에서(그 중 52%는 동일회사내의 동일사업부에서, 나머지 20%는 동일회사내의 다른 사업부에서) 발명이 이루어졌으며 외부(개인발명가, 대학, 정부출연연구소 등)에서 발명이 이루어진 경우는 28%에 불과하였다. 4-50년 전의 옛날에도 이미 한 기업이 남보다 앞서 기술혁신에 성공하기 위해서는 그 기초연구 및 발명단계에서의 연구도 자체적으로 수행하여야 하였던 것이다.
최근에 올수록 발명과 기술혁신사이의 시차는 점점 더 감소하고 있으며 동일회사 내에서 발명과 기술혁신이 동시에 일어나는 비율은 더욱더 커질 것이다. 따라서 남보다 앞서 기술혁신에 성공하기 위해서는 이제는 더 이상 외부의 기초기술에 의존할 수 없으며 기초연구 및 발명단계에서도 자체적 연구를 수행해야만 하게 되었다.

요성을 증가시키고 있다. 기업들은 이제 상업화단계가 아닌 발명의 단계에서부터 경쟁기업들보다 앞서 나아가도록 노력하여야만 오늘날의 치열한 기술경쟁에서 승리할 수 있게 되었다.

3. 어떤 경제주체가 기술혁신에 기여하는가? - 슘페터의 견해[11)]

(1) 초기견해

경제학의 오랜 역사에서 경제적 주체의 기술진보에 대한 능동적 역할을 최초로 구체적으로 설명하고 분석했던 사람은 슘페터(Schumpeter)였다. 슘페터는 그가 저술한 3권의 책속에서 기술진보를 촉진시키는 경제적 주체가 무엇인가에 대한 설명을 하고 있는데 경제적 주체에 대한 그의 생각은 후기에 갈수록 바뀌고 있다.

슘페터는 그의 저서 *The Theory of Economic Development*와 *Business Cycles*에서는 기술진보에 대한 기업가의 역할을 강조하고 있다. 슘페터의 기업가는 남보다 앞서서 현재에는 충족되지 못하는 욕구 또는 잠재적 욕구(potential needs)를 충족시키거나 생산의 효율성을 달성하기 위해 노력한다.[12)] 욕구의 충족과 효율성의 달성을

11) Kamien & Schwartz(1982) p.7-p.13의 내용을 요약, 정리하였고 필요하면 추가적 설명을 하였음.

12) 슘페터의 기업가는 단순하게 기업을 경영하여 돈을 버는 사람을 의미하는 것은 아니며 좀더 깊은 뜻을 갖고 있다. 슘페터의 기업가는 보통 사람들보다 더 뛰어난 통찰력을 갖고 있는 사람으로 다음과 같은 두 가지 측면에서 큰 역할을 수행하는 사람이다. 첫째, 기업가는 현재에는 충족되지 못하는 필요와 욕구 또는 잠재적 욕구를 어떻게 채워줄 것인가를 남보다 훨씬 앞서서 알아서 실천하는 사람이다. 현재에는 충족되지 못하는 필요와 욕구란 기존제품이 존재하지만 그 제품에 만족하지 못하고 기능이나 크기 면에서 좀 더 차별화된 제품을 원하는 수요를 의미한다. 이러한 수요를 찾아내어 만족시키기 위해서도 어느 정도의 통찰력은 필요하지만 이러한 수요는 수요조사 또는 소비자 만족도 조사 등을 통해 충분히 파악될 수 있는 수요이다. 잠재적 욕구를 충족시켜주기 위해서

위해 기업가들이 기업가활동을 하는 과정에서 기술혁신이 촉진되며 새로운 제품과 새로운 기술이 많이 만들어지게 된다.

기업가들의 기업가활동은 신제품이나 신기술을 처음 시장에 도입한 대가로 기업가에게 높은 초과이윤을 가져다준다. 신제품에 대한 새로운 시장이 열리고 초기에는 그 제품에 대한 수요를 충족시킬 수 있는 경쟁제품은 거의 없는 상태여서 신제품을 처음 시장에 출시한 기업가는 매우 높은 가격에 제품을 판매할 수 있어서 많은 이익을 얻게 된다.13)

는 더욱더 큰 통찰력이 필요로 된다. 잠재적 욕구란 지금은 그 욕구와 관련된 제품이 전혀 없어서 소비자도 파악하고 있지 못하는 내재된 잠재욕구를 의미한다. 따라서 이 경우에는 기존제품이 존재하지 않는 상태이며 소비자들도 자신이 그러한 잠재적 욕구가 있음을 잘 인식하지 못하고 있는 상태이다. 이 경우에는 수요조사 또는 만족도 조사를 할 수 없는 상태여서 충족되지 못한 필요와 욕구가 무엇인지를 소비자로부터 직접 알아낼 수 없으며 다만 남보다 훨씬 뛰어난 통찰력을 갖고 있는 사람만이 소비자도 인식하지 못하지만 잘 개발하면 큰 잠재적 수요가 있는 것을 찾아낼 수 있다. 잠재적 욕구는 자동차가 없는 상태에서의 자동차에 대한 수요나 컴퓨터가 없는 상태에서의 컴퓨터에 대한 수요와 같이 기존에 존재하지 않는 완전히 새로운 제품에 대한 수요를 의미하는데 이러한 수요를 미리 알아서 충족시켜주는 일은 보통 사람은 할 수 없는 매우 어려운 일일 것이다. 첫 번째 경우의 기업가는 기존제품을 소비자의 수요를 충족시킬 수 있게 변화시켜 차별화된 제품을 시장에 내놓거나 한 번도 존재한 적이 없는 완전히 새로운 제품을 개발하여 시장에 내놓아야 하기 때문에 그 과정에서 기술혁신(제품혁신)을 하게 되는 것이다.

둘째, 기업가는 제품의 생산과정에서 이미 행해지고 있는 것을 좀 더 효율적으로 수행할 수 있는 방법을 알아차리고 실행하는 사람들이다. 다시 말해서 기업가는 제품의 생산과정을 좀 더 개선하고 효율화하여 제품의 생산성을 높일 수 있는 가능성을 남보다 앞서서 찾아내어 생산과정을 변화시키는 사람이다. 두 번째 경우의 기업가는 생산과정을 개선하는 과정에서 기술혁신(과정혁신)을 하게 되는 것이다.

결국 슘페터의 기업가는 기업가정신을 발휘하는 과정에서 기술혁신 즉 제품혁신과 과정혁신을 촉진시키는 역할을 하게 된다.

13) Sony의 신제품 개발을 예로 들 수 있다. 소니는 소형화의 선두주자로 흑인들이 크고 무거운 스테레오 카세트 라디오를 어깨에 매고 다니면서도 매우 즐거워하는 것을 보고 소형화된 개인 휴대용 음향기기에 대한 상당히 큰 수요가 존재할 것이라고 생각하여 소형음향기기인 Walkman을 출시하였으며 이 제품의 판매로 큰 이익을 보았다. Walkman이 1979년 미국시장에 처음 출시되었을 때의 가격은 개당 200달러가 넘었으며 한국에서도 2-30만원이라는 높은 가격

그러나 높은 초과이윤이 존재하지만 진입장벽이 없다면 곧바로 다른 기업들이 모방을 통해 시장에 진입하고 경쟁이 격화되기 시작하며 제품의 가격은 하락하고 이윤도 점차 하락하여 나중에는 초과이윤이 0이 되는 상황에 도달하게 된다.

더 이상 이 시장에서 초과이윤을 얻기는 불가능하게 되며 새로운 이윤을 얻기 위해서는 기업가는 또 다른 기술혁신을 하여 또 다른 신제품을 개발하는 노력을 계속하게 된다. 진입장벽이 없는 상태에서는 기업가는 지속적인 이윤을 얻기 위해서 기술혁신을 계속하여야 하며 그 과정에서 기술혁신을 촉진시키게 된다.[14)]

반면에 진입장벽이 크게 존재하는 경우에는 시장에 이미 진입하여 독점적 지위를 획득한 기업가는 새로운 제품과 새로운 기술을 개발하지 않더라도 시장을 계속 지배할 수 있다. 진입장벽이 크게 존재하는 경우에는 신규 기업이 아무리 좋은 기술과 제품을 가지고 있다하더라도 시장에 대한 진입이 봉쇄된 상태에서는 이 기업은 시장에 진입할 수 없으며 따라서 시장을 놓고 독점적 지위를 획득한 기존기업과 경쟁할 수 있는 기회조차 갖지 못하게 된다. 이 상황에서는 이미 독점

에 판매되었다. 고가에 판매하였음에도 불구하고 휴대용 음향기기에 대한 수요가 상당히 많았고 또 경쟁이 될 수 있는 제품이 초기에는 없어서 소니는 많은 수량의 Walkman을 팔 수 있었고 많은 이익을 보게 되었다. 그러나 초기의 높은 이윤은 파나소닉, 아이와, 삼성, LG 등 많은 경쟁기업을 시장에 불러들이게 되어서 이윤은 계속 감소하였고 최근에는 중국과 동남아시아의 기업들까지 가격경쟁력을 무기로 시장에 진입하여 과다경쟁이 벌어지게 되고 더 이상 초과이윤을 얻기 어려운 상태가 되었다. 소니는 소형 휴대용 음향기기에 대한 잠재적 수요가 매우 큼을 인식하고 그 잠재적 수요가 상당히 개발된 시점에 Walkman을 시장에 출시하여 큰 이익을 보았다는 점에서 슘페터가 말하는 기업가에 해당한다고 볼 수 있을 것이다.

14) 슘페터는 만약 기업가활동과 완전경쟁 사이에 충돌과 대립이 있어서 완전경쟁이 기업가활동을 저해한다면 그 경우에는 완전경쟁이 희생되어야 할 것이라고 주장하고 있다. 초기의 슘페터에게 있어서는 기술혁신을 촉진시키기 위해서는 기업가활동을 활성화시키는 것이 매우 중요하며 기업가활동을 저해하는 장애물이 있다면 그 장애물은 제거되어야 하는 것이었다. 따라서 슘페터의 입장에서는 완전경쟁이 아무리 이상적인 체제라 할지라도 독과점보다도 기업가활동을 약화시킨다면 유지시킬 필요가 없는 체제가 되는 것이다.

적 지위를 획득한 기존기업은 새로운 기술의 개발을 위해 노력해야할 필요가 거의 없게 되며, 기존의 제품에 대한 수요가 계속 존재하는 한에는 새로운 기술과 제품을 시장에 도입할 인센티브도 없게 되어 기존기업의 기업가들이 도리어 기술혁신을 방해하고 기술혁신의 속도를 늦추는 역할을 하게 된다.

슘페터는 시장의 실제상황은 시장으로의 진입이 자유로운 상태 즉 진입장벽이 없는 상태에 가깝다고 보고 진입장벽이 없는 상태를 가정하고 있다. 이 가정하에서 슘페터는 기업가들이 기업가활동을 통해 기술혁신을 촉진시키는 중요한 역할을 하고 있다고 결론짓고 있다.[15)]

(2) 후기견해

시간의 경과에 따라 그의 관심은 기업가에 대한 찬양으로부터 대기업 또는 독과점시장이 주를 이루고 있는 현존하는 자본주의 제도의 옹호로 점차 옮겨가고 있는데 이 변화는 그의 후기저작인 *Capitalism, Socialism and Democracy*에 잘 나타나고 있다.[16)] 슘페터는 후기

15) 미국과 같은 선진국에서는 시장에 대한 진입장벽이 별로 높지 않아서 슘페터의 가정이 올바른 가정이라고 할 수 있으며 이 가정에 근거하여 도출된 슘페터의 결론도 현실을 잘 설명할 가능성이 매우 높다. 그러나 개발도상국이나 저개발국가의 경우에는 시장에 대한 비경제적인 진입장벽이 상대적으로 매우 높게 나타나고 있어서 슘페터의 가정이 올바른 가정이라고 할 수 없으며 이 틀린 가정에 근거하여 도출된 슘페터의 결론이 현실을 제대로 설명할 가능성은 상당히 낮게 된다. 개발도상국이나 저개발국의 경우에는 진입장벽이 높다는 가정이 더 유효한 가정일 수 있으며 이 가정하에서는 슘페터의 결론과는 반대로 기존 독점기업의 기업가들이 기술혁신을 방해하고 기술혁신의 속도를 늦추는 역할을 할 가능성이 높을 수도 있다. 결국 슘페터의 주장은 모든 경우에 다 적용될 수 있는 것은 아니며 진입장벽이 없는 세계에서 주로 적용될 수 있는 주장이라고 말할 수 있다.

16) 슘페터가 *Capitalism, Socialism and Democracy*를 쓰고 있는 시기에 슘페터는 혁신이 시간이 지남에 따라 개인(발명가)보다는 기업체 특히 대기업내의 연구소에 의해 더 많이 이루어지고 있음을 파악하였다. 그 결과 슘페터는 대기업 또는 독과점기업의 역할을 더욱 강조하게 되었다.

에 올수록 대기업 또는 독과점기업이 기술혁신에 크게 기여하고 있음을 강조하고 있다. 다시 말해서 기업규모(또는 독과점도)가 클수록 기술혁신이 촉진된다고 주장하고 있다.[17)]

슘페터는 현존하는 자본주의 체제를 옹호하고 있고 또 완전경쟁시장을 비판하고 있는데 그 자세한 내용은 다음과 같다.

(i) 현존하는 자본주의 체제의 옹호

첫째, 슘페터는 경제학자들에 의해 가장 이상적인 시장으로 인식되고 있는 완전경쟁의 황금시대가 실제로 전혀 존재했던 적이 없었음을 강조하고 있다. 그에 의하면 완전경쟁시장은 이론적으로는 완벽한 시장이지만 실제로는 존재하여 작동할 수 없는 비현실적 시장인 것이다. 슘페터는 이렇게 존재하기 힘든 시장과 실제로 존재하는 독과점시장을 비교하여 대기업이나 독과점시장을 과도하게 공격하는 것은 온당하지 못하다고 주장하고 있다.

이에 더하여 슘페터는 완전경쟁이 전혀 존재하지 않았음에도 불구하고 인류의 경제적 복지는 상당히 그리고 지속적으로 증대되어 왔다고 주장하고 있다. 슘페터는 인류의 복지증진의 측면에서 볼 때 현존하는 대기업 및 독과점체제는 맡겨진 임무를 충분히 잘 수행하였다고 주장하고 있다.

둘째, 슘페터는 완전경쟁의 조건들이 다 성취될 수 있어서 완전경쟁이 실제로 존재할 수 있다 하더라도 완전경쟁은 소망스럽지 못하다

---

17) 이것이 유명한 슘페터가설이다. 기업규모가 클수록 기술개발투자나 기술혁신이 촉진된다는 가설과 독과점도가 클수록(독점력이 강화될수록) 기술개발투자나 기술혁신이 촉진된다는 가설은 유사하지만 일치하지는 않는다. 시장구조가 독점에 가깝더라도 전체시장의 규모가 작으면 기업규모는 상대적으로 작을 수 있으며 반대로 기업규모가 크더라도 전체시장의 규모가 매우 크면 시장구조는 완전경쟁에 가까울 수 있다. 그러나 많은 경우에 독점력과 큰 기업규모는 같이 발생하므로 두 요소는 매우 밀접한 관계를 갖는다. 슘페터의 주장은 두 가지 해석 중 두 번째에 더 가까우며 첫 번째의 해석은 Galbraith(1952)의 주장에 더 가깝다. 기업규모가 클수록 기술혁신이 촉진된다는 가설은 자주 기업규모와 기술혁신사이에 양의 상관관계가 있다는 말로 표현되기도 한다.

고 주장하고 있다. 슘페터는 독과점기업이 장기적으로 기술혁신을 촉진시키는 측면에서 완전경쟁보다 훨씬 더 우월하다고 주장하고 있다.[18)]

완전경쟁은 주어진 어느 한 시점에서 기존의 기술수준하에서의 평균비용을 최소화할 수 있다. 즉 정태적 효율성을 달성할 수는 있다. 완전경쟁은 그러나 정상이윤을 획득할 수 있을 뿐 초과이윤을 전혀 얻지 못하여 기술개발에 투자할 돈이 전혀 없게 된다. 완전경쟁기업은 그 결과 비용절감형 기술혁신을 전혀 할 수 없게 되어 장기적으로 생산비용의 추가적 하락을 이끌어 내지 못한다. 즉 시간의 경과에 따라 생산성을 증가시키고 생산비용을 감소시킬 수 없게 되어서 장기적으로 평균생산비용을 전혀 감소시킬 수 없게 되어 장기적으로는 독과점보다 평균비용(또는 제품가격)이 높아지게 된다. 다시 말해서 동태적 효율성을 달성할 수 없게 된다.

그 반면에 독과점은 초과이윤을 많이 얻으려고 생산량을 줄이고 가격을 높이기 때문에 정태적 효율성을 달성하지는 못한다. 독과점하에서는 기존의 기술수준하에서 평균비용을 최소화하는 생산량보다 생산을 적게 하게 되어서 실제생산량수준에서의 평균비용은 도달 가능한 최소평균비용보다 높게 된다. 그러나 아이러니컬하게도 정태적 효율성을 포기한 대가로 독과점기업은 큰 초과이윤을 얻게 되고 진입장벽이 없는 상태에서 독과점기업은 이 돈을 지속적으로 기술개발에 쓰게 된다. 그 결과 독과점하에서는 지속적으로 비용절감형 기술혁신이 이루어지고 시간의 경과에 따라 계속 평균생산비용곡선이 하락하게 되어서 장기적으로는 독과점하의 제품가격(평균비용 + 초과이윤)이 완전경쟁하의 제품가격(= 평균비용)보다 작게 된다. 다시 말해서 독과

18) 슘페터의 주장을 원문 그대로 인용하면 다음과 같다: "A system ... that at every point in time fully utilizes its possibilities to its best advantage may yet in the long-run be inferior to a system that does so at no given point in time, because the latter's failure to do so may be a condition for the level or speed of long-run performance,"

점기업이 동태적 효율성을 달성하게 된다.

슘페터의 가정처럼 진입장벽이 없는 세계에서는 독과점기업의 초과이윤은 계속 기술개발을 위해 사용되게 되고 그 결과 독과점하에서는 빠른 속도로 비용절감형 기술진보가 이루어지게 된다. 따라서 시간의 경과에 따라 완전경쟁보다 독과점하에서 기술진보가 훨씬 더 활발히 이루어지게 되며 효율성 즉 동태적 효율성도 더 높아지게 된다.[19] 이러한 측면에서 보면 독과점이 완전경쟁보다 더 우월하다고 결론지을 수 있다.

(ii) 완전경쟁의 개념에 대한 비판

슘페터는 완전경쟁의 개념은 현실세계를 분석하는데 부적절한 개념이라고 비판하고 있다. 슘페터는 완전경쟁이 여러 가지 경쟁형태 중에서 가격경쟁에만 전적으로 관심을 집중시키고 있는 반면에 현실세계의 경쟁은 주로 비가격경쟁이기 때문에 완전경쟁은 현실세계의 경쟁을 도저히 제대로 분석할 수 없다고 공격하고 있다.

슘페터에 의하면 교과서에서 다루는 세계가 아닌 실제의 자본주의 사회에서 주로 나타나는 중요한 경쟁은 가격경쟁이 아니라 새로운 상품, 새로운 기술, 새로운 원료공급의 원천, 새로운 조직의 형태에 의한 경쟁인 것이다. 이러한 비가격경쟁은 결정적인 비용 또는 제품의 질적인 우위를 점하고자 하는 경쟁, 현존하는 기업들의 이윤폭이나 생산량이 아니라 (보다 근본적인) 그들의 토대나 그들의 삶 자체를 공격의 대상으로 하는 경쟁인 것이다.[20]

---

19) 동태적으로 보면 완전경쟁하에서는 어느 한 기업의 기술혁신에 따른 초과이윤은 다른 기업의 즉각적 모방을 통해 즉각적으로 소멸되게 된다. 다시 말해서 완전경쟁하에서는 기술혁신기업은 새로운 기술을 개발하여도 초과이윤의 혜택을 전혀 보지 못하게 된다. 이처럼 모방이 즉각적으로 행해질 때 기술혁신활동을 통한 이윤은 존재하지 않기 때문에 개별기업이 기술혁신활동을 할 인센티브는 전혀 존재하지 않게 된다. 따라서 완전경쟁하에서는 기업가활동은 존재하기 어렵고 기술진보도 매우 느려질 수밖에 없게 되며 동태적 효율성도 달성될 수 없게 된다.

20) 완전경쟁처럼 기업들이 제품의 품질이나 기술수준(생산비용)등 모든 면에서 동

이러한 비가격경쟁(창조적 파괴의 과정)의 결과 새로운 상품, 새로

일한 상태에서 저렴한 가격만을 무기로 경쟁하는 경우는 전쟁으로 생각하면 국경선에서 아군과 적군이 밀고 당기며 영토의 확장을 위해 싸우는 국지전에 불과하다. 경쟁력이 동일한 상황에서는 한 기업(기업A)이 이윤의 감소(또는 손실의 증가)를 무릅쓰고 가격을 일시적으로 낮추어 경쟁 상대기업(기업B)의 고객을 일부 빼앗아 올 수는 있으나 기업B의 고객을 모두 빼앗고 상대기업을 도산에 이르게 할 만큼 지속적으로 공격을 가할 수는 없다. 경쟁력 특히 생산비용의 측면에서의 차이가 없는 상태에서 기업A가 이러한 공격을 오랜 기간 계속한다면 기업A도 이윤의 큰 감소(또는 손실의 큰 증가)를 보게 된다. 따라서 기업A의 가격을 통한 공격은 일시적, 제한적이며 기업B의 고객의 일부를 빼앗는 선에서 멈춰지게 된다. 또한 이 경우에는 기업B가 기업B 자신의 고객을 계속 지키기를 원한다면 취할 수 있는 쉬운 대응전략이 있게 된다. 기업B가 기업A보다도 가격을 더 낮추면 되는 것으로 기업B는 가격의 하락을 통해 수세에서 공세로 전환할 수 있으며 잃었던 고객을 되찾을 뿐 아니라 가격경쟁을 시작했던 기업A의 고객들도 일부 빼앗아 올 수 있게 된다. 이에 대해 기업A가 또 다시 가격하락으로 대응하고 기업B가 추가적 가격하락으로 대응하는 과정이 반복되면 두 기업은 고객을 놓고 경계선상에서 서로 대치한 상태에서 시장점유율의 별다른 큰 변화없이 손실만이 크게 증가하게 되어 두 기업 모두 과당경쟁을 통해 파산의 위기에 처하게 된다. 이 과정에서 두 기업은 가격경쟁이 서로에게 이익이 되지 못함을 인식하게 되고 가격경쟁을 중단하게 된다. 결국 경쟁력에 차이가 없는 두 기업 간의 가격경쟁은 두 기업 중 어느 한 기업의 존립을 위태롭게 할 정도까지 진행될 수 없으며 다만 시장의 일부를 놓고 싸우는 국지전의 형태가 될 수밖에 없는 것이다.

이에 반해 비가격경쟁은 경쟁상대기업의 생존을 놓고 싸우는 전면전이라고 할 수 있다. 기업A가 기술혁신을 통해 생산비용을 기업B보다 크게 감소시켰다고 하자. 그렇다면 이제 두 기업은 경쟁력에 차이가 생겨나게 되며 기업A는 자신은 이윤을 얻으면서 기업B는 손실을 볼 수밖에 없는 수준으로 가격을 낮출 수 있게 된다. 기업A가 이 수준으로 가격을 낮추어 기업B를 공격하기 시작하였다고 하자. 기업A는 이윤을 보면서도 기업B의 고객을 계속 빼앗아 올 수 있는 상황이어서 지속적으로 기업B를 공격할 수 있게 되며 기업B의 고객들을 많이 빼앗아 올 수 있게 된다. 기업A의 공격에 대해 기업B는 세 가지 방법으로 대응할 수 있다. 첫째는 자신의 가격을 기업A보다 높은 수준에서 유지하는 것인데 이 경우에는 지속적으로 고객을 빼앗겨 결국은 도산하게 된다. 둘째는 기업A의 가격수준으로 가격을 낮추는 것인데 이 경우에는 고객을 빼앗기지는 않으나 큰 손해를 보게 되어 결국 도산하게 된다. 마지막으로 기술혁신을 통해 비용을 기업A 수준으로 감소시키는 것인데 기술혁신과정은 상당히 오랜 시간이 소요되고 비용도 많이 들어서 기술혁신을 통해 경쟁력을 회복하기 전에 도산할 가능성이 높다. 결국 기업A가 생산비용상의 우위를 확보하는 비가격경쟁을 통해 공격해 올 때 기업B가 취할 수 있는 전략은 별로 없으며 이때의 전쟁은 경쟁력상의 우위를 확보한 기업이 열등한 상대기업을 끝까지 몰아붙여 상대기업을 도산시키고자 하는 전면전의 형태가 된다.

운 기술을 최초로 개발한 기업은 초과이윤을 얻게 된다. 슘페터에 의하면 창조적 파괴의 과정은 가격경쟁보다 더욱 중요하며 따라서 창조적 파괴의 과정을 촉진시키는 것이 매우 중요하게 된다. 슘페터는 창조적 파괴의 과정을 촉진시키기 위해서는 기업들이 기술혁신에 드는 비용을 충분히 커버할 수 있는 초과이윤을 얻을 수 있어야 하며 이를 위해 어느 정도 독점적 관행(특허권 등)이나 독점적 이윤의 실현은 정당화될 필요가 있다고 보고 있다.[21)]

기술혁신을 통해 시장을 선점한 기업은 초과이윤을 다음 단계의 혁신을 위한 자금으로 활용한다. 슘페터에 의하면 거의 모든 독점의 위치는 (혁신을 통한 경쟁이 있기 때문에) 일시적이다.[22)] 따라서 시장을 선점한 독점기업이 초과이윤을 기술개발에 쓰지 않고 낭비하고 게을리 하면 잠재적 경쟁기업이 품질이 뛰어난 새로운 제품으로 시장에 들어와 시장을 완전히 빼앗게 된다.

기존의 독과점기업은 독과점을 유지하기 위해 계속 기술개발을 해야할 필요성이 있어서 새로운 창조적 파괴의 과정을 밟게 되며 그 결과 기술혁신 -> 초과이윤 -> 기술혁신 -> 초과이윤 --- 의 과정이 계속 반복되게 된다. 이 때 새로운 기술에 대한 특허권을 보장하여 충분한 초과이윤을 얻을 수 있게 되면 이 순환과정의 속도는 더 빨라지

---

21) 기업은 새로운 상품이나 생산과정을 개발하여 도입하는 과정에서 기술개발에 많은 비용을 쓰게 된다. 기업이 이 투자로부터 기술개발에 쓰인 돈을 충분히 충당할 수 있는 초과이윤을 얻지 못한다면 기업은 창조적 파괴를 수행하지 않을 것이다. 기업이 기술개발비용보다 더 큰 충분한 초과이윤을 얻게 하기 위해서는 모방을 지연시켜야 하며 모방을 지연시키기 위해서는 새로운 기술에 대한 특허권을 보장해 줄 필요가 있게 된다. 즉 기술혁신을 촉진시키기 위해서는 특허권을 통해 독점권을 허용하고 이를 통해 충분한 독점적 이윤을 보장해 주어야 한다.

22) 이에 대한 예를 들어보면 다음과 같다. 만년필이 필기구시장을 거의 독점하고 있었으나 기술혁신으로 볼펜이 나오게 되자 볼펜이 만년필을 대체하게 되었다. 계산자나 주판이 계산기시장을 독점하고 있었으나 기술혁신으로 전자계산기라는 신제품이 시장에 나오게 되자 전자계산기가 계산자나 주판을 대체하였다. 전자시계가 저가시계시장에서 기계식 기계를 대체하였으며 아날로그 가전제품을 디지털 가전제품이 대체하였다.

게 되어 기술발전과 인류의 복지 증진도 가속화하게 된다.

슘페터는 이처럼 중요한 비가격경쟁(창조적 파괴의 과정)을 완전경쟁은 전혀 설명할 수 없으며 따라서 현실세계를 이해하고 설명하는데 완전경쟁은 도움이 되지 못한다고 비판하고 있다.

슘페터는 이처럼 독과점과 대기업이 주를 이루는 자본주의 체제하에서 인류가 계속 발전하여 왔고 또 완전경쟁은 기술혁신이 지속적으로 일어나는 현실세계를 도저히 설명할 수 없는 반면 독과점과 대기업은 기술혁신의 속도를 빠르게 하는데 기여하고 있다고 파악하고 있으며 독과점 또는 대기업이 기술혁신에 크게 기여하고 있다고 주장하고 있다.

4. 기술혁신전략단계

모든 나라가 동일한 기술력을 갖고 있는 것은 아니다. 미국과 같은 선진국은 높은 기술수준에 도달해 있는 반면 아시아, 아프리카의 저개발국은 거의 자체적 기술능력을 갖고 있지 못하다. 기업의 경우도 마찬가지로 기술수준이 높은 기업과 기술수준이 낮은 기업이 함께 존재하고 있다. 이처럼 모든 나라(또는 모든 기업)의 기술수준이 서로 다른 상황에서는 모든 나라(또는 기업)가 동일한 기술혁신전략을 취할 수 없을 것이다.

이 장에서는 상이한 기술수준하에서 기업이나 국가들이 취할 수 있는 기술혁신전략에는 어떠한 것들이 있는지를 살펴보고자 한다. Freeman & Soete(1997)는 여섯 가지의 기술혁신전략의 개념을 제시하고 있다. 그것은 공격적, 방어적, 모방적, 의존적, 전통적, 그리고 기회주의적 전략이다. Freeman & Soete(1997)의 내용을 요약, 정리하여 이 전략들을 설명하면 다음과 같다.

(1) 공격적 전략(Offensive Strategy)

공격적 기술혁신전략은 경쟁자들보다 앞서서 (세계 최초로) 새로운 상품을 개발하고 시장에 도입함에 의해서 기술적, 시장 지배력을 획득하려는 전략이다. 이 전략을 취하기 위해서는 세계적 연구소 또는 세계적 권위의 학자와 특별한 관계가 있거나, 강력한 독자적 연구개발능력이 있거나, 아니면 새로운 기술의 경제적 활용가능성을 남보다 빨리 인식하고 이용할 수 있는 능력을 가져야 한다. 이 세가지중에서 공격적 기술혁신전략을 지속적으로 취하기 위해 가장 중요하고 필요로 되는 것은 독자적 연구개발능력이다. 강한 독자적 기술개발능력이 있고 그 능력을 계속 강화시켜 나간다면 외부의 경쟁상대기업에 비해 계속 우월한 기술력을 가질 수 있으나 독자적 기술개발능력 없이 세계적 연구소나 세계적 학자와의 관계에 의존하거나 새로운 기술의 경제적 활용가능성을 빨리 찾아내는 능력에 의존하는 경우에는 특별한 관계가 끊어지거나 경쟁상대기업의 기술의 경제적 활용가능성에 대한 인식속도가 빨라지면 더 이상 공격적 기술혁신전략을 취할 수 없게 된다.[23] 이처럼 공격적 기술혁신전략을 취하는 기업은 상당한 정도로 내부적 R&D에 의존하기 때문에 고도로 연구집약적이다.[24]

---

23) 세계적 연구소나 세계적 학자와의 특별한 관계가 있다면 그들이 개발한 새로운 기술을 남보다 더 빠르게 독점적으로 이용할 수 있기 때문에 기술력의 우위를 갖게 되어 공격적 전략을 취할 수 있다. 그러나 이 특별한 관계는 매우 연약하여 끊어지기 쉽다. 예를 들어 삼성전자가 세계적인 연구소인 벨 연구소에게 한 해에 100억원의 돈을 지원하는 대가로 벨 연구소가 새롭게 개발하는 기술을 독점적으로 사용하는 계약을 2007년에 맺는다면 삼성전자는 다른 경쟁기업에 비해 높은 기술력의 우위에 서게 될 것이다. 그러나 만약 미국의 IBM이 2007년 말에 벨 연구소의 소장에게 IBM은 한해에 100억이 아니라 300억원의 지원금을 주겠으니 기술의 독점적 이용계약을 맺자고 하여 새로운 계약을 맺게 된다면 삼성과 벨 연구소의 특별한 관계는 즉각 소멸하는 것이며 삼성전자의 기술력 우위도 사라져 버리게 되고 삼성전자가 공격적 전략을 취할 수 있는 가능성도 사라지게 된다. 세계적 학자와의 특별한 관계도 이와 마찬가지로 오래 지속되기 힘들 것이며 그 관계가 끊어지는 순간 기술력의 우위도 사라지게 되어서 공격적 전략을 취할 수 없게 될 것이다.

24) 연구집약도는 연구개발투자(R&D)/매출액으로 정의되며 연구집약적이라는 말

공격적 전략을 취하는 기업은 장기적으로 생각하며 상당한 위험을 감수한다.[25] 따라서 공격적 전략을 취하는 기업은 특허권보호에 상당한 중요성을 부여한다.[26]

은 연구집약도가 높은 것을 의미한다. 공격적 기술혁신전략을 취하기 위해서는 무엇보다도 기업고유의 독자적 기술개발능력이 있어야 하는데 독자적 기술개발능력은 기업외부에서 얻을 수 있는 것이 아니며 기업의 내부연구소에서의 연구원들의 활발한 연구개발활동을 통해서 얻을 수 있다. 따라서 공격적 기업의 경우에는 자체적 연구개발활동을 위해 많은 돈을 사용하게 된다. 공격적 전략을 취하는 기업은 다른 기업에 비해 상대적으로 연구집약도가 높아지게 되며 따라서 연구집약적이 된다.

25) 공격적 전략을 취하는 기업은 완전히 새로운 기술을 개발하고 이를 이용하여 새로운 제품을 만들어 최초로 시장에 공급하므로 기술개발과 시장개척을 위해 많은 돈과 오랜 시간을 필요로 한다. 새로운 제품이 성공적이어서 충분히 많은 수요가 있다 하더라도 이 제품의 시장판매를 통해 이익을 얻기 위해서는 오랜 시간을 기다려야 하며 단기적으로는 이익을 보기 어렵다. 따라서 공격적 전략을 취하는 기업은 장기적으로 생각하는 기업일 수밖에 없다.
완전히 새로운 기술을 개발하는 것은 미지의 세계를 어두운 밤에 탐험하는 것과 같다. 기술개발과정에서 어떠한 어려움에 봉착할지 누구도 예측하기 어려우며 따라서 해결할 수 없는 문제를 만나 기술개발에 실패할 가능성이 매우 높다. 기술개발에 성공하여 새로운 제품을 생산하였다 하더라도 시장개척에 성공하여 많은 제품을 팔 수 있을지도 불명확하다. 완전히 새로운 제품에 대한 시장은 전에 이미 존재하고 있는 시장은 아니어서 그 시장의 규모를 정확히 예측할 수 없다. 제품을 출시하면서 동시에 시장을 개척하고 수요를 창출하여야 하는데 실제로 진입해 보니 시장규모가 작고 수요가 충분하지 않을 가능성도 상당히 클 것이다. 따라서 기술개발에 성공하여도 시장개척과정에서 실패할 가능성도 상당히 높다. 공격적 전략을 취하는 기업은 실패할 가능성이 높고 실패할 경우 큰 손실을 보게 되는 것을 알고도 이 전략을 취하는 기업이므로 큰 위험을 감수하는 기업이다.
다시 말해서 기술력은 있더라도 짧은 시간 내에 이익을 내기를 원하는, 위험회피적 기업은 공격적 전략을 수행할 수 없으며 장기적으로 생각하며 상당한 위험을 감수하는 기업만이 공격적 전략을 수행할 수 있는 것이다.

26) 공격적 전략을 취하는 기업은 완전히 새로운 기술의 개발에 많은 돈을 쓰게 되고 또 기술개발과정에서 실패할 가능성도 매우 높으며 실패시에는 매우 큰 손실을 보게 된다. 공격적 전략을 취하는 기업은 기술개발에 성공하여 많은 제품을 파는 경우에는 이익을 보고, 실패하는 경우에는 손실을 입게 된다. 공격적 전략을 취하는 기업은 기술개발비용을 충당할 수 있기 위해, 실패시의 손실의 피해를 충분히 보상받기 위해 성공시에 매우 큰 이윤을 얻고자 한다. 성공시의 이윤은 시장을 독점했을 때 가장 커지게 되므로 공격적 기업은 시장을 독점하고자 하며 이를 위해 특허권을 획득하고자 노력하게 된다.

(2) 방어적 전략(Defensive Strategy)

방어적 기술혁신전략은 새로운 제품을 세계 최초로 개발하기 보다는 남이 개발한 후에 비슷한 제품을 뒤따라서 즉각 개발하여 바짝 뒤쫓아 가는 전략이다. 방어적 전략을 취하는 이유는 첫째는 최초로 기술혁신을 이루기 위한 연구의 과정에 수반되는 고도의 (실패) 위험을 감수하기를 원하지 않으며, 공격적 기업의 잘못과 공격적 기업에 의한 시장의 개발로부터 이득을 얻을 수 있다고 생각하기 때문이며, 둘째는 독창적 기술혁신을 이룩할 능력이 없거나 세계적 연구소 또는 세계적 학자와 밀접히 연결되어 있지 못하기 때문이며, 셋째는 신제품의 개발보다는 제품의 생산과 판매에 특별한 강점과 재간을 갖고 있기 때문이다. 방어적 전략을 취하는 이유는 이들 세 가지 이유가 혼합되어 나타날 가능성이 크다.

방어적 전략과 공격적 전략을 비교해 보면 기술혁신의 성격과 타이밍에서 큰 차이가 있다. 기술혁신의 성격을 비교해 보면 공격적 전략하의 기술혁신은 중요한 기술혁신(major innovation)이고 방어적 전략하의 기술혁신은 사소한 기술혁신(minor innovation)이다.[27]

특허권의 획득은 추가적인 수입의 기회를 공격적 기업에게 제공한다. 공격적 기업은 특허권을 통해 기술을 독점하게 되는데 상당 기간 다른 기업들에게 이 기술의 사용을 허락하고 그 대가로 기술사용료(licensing fee)를 받을 수 있게 된다. 공격적 기업의 경우에는 많은 특허를 획득할 수 있어서 상당히 큰 규모의 기술사용료를 받을 수 있게 된다. 특허권을 획득하면 이처럼 시장의 독점과 기술의 독점이 가능하여서 공격적 기업은 특허권 획득과 보호에 상당한 중요성을 부여하고 있다.

27) 중요한 기술혁신과 사소한 기술혁신은 기술변화의 크기와 경제에 미치는 효과라는 두 가지 각도에서 설명될 수 있다. 기술변화의 크기로 정의해 보면 중요한 기술혁신은 기술변화의 크기가 매우 큰 경우의 기술혁신이며 사소한 기술혁신은 기술변화의 크기가 작은 경우의 기술혁신을 의미한다. 경제에 미치는 효과의 측면에서 보면 중요한 기술혁신은 경제에 큰 영향을 미치는 기술혁신이며 사소한 기술혁신은 경제에 미치는 영향이 작은 기술혁신이다. 경제에 영향을 미친다는 것은 좀 더 구체적으로 보면 기술혁신의 결과로 산업생산량(또는 국민경제 전체의 생산량)이 증가하는 것을 뜻한다.
기술변화의 크기가 큰 경우에는 거의 대부분 그 경제적 효과도 매우 크게 된

공격적 기업은 기존에 존재하지 않는 완전히 새로운 제품을 생산해 내는 기업으로 신제품의 생산을 위해 그 기업이 개발하는 기술도 기존의 기술과는 획기적으로 다른 기술이다. 결국 공격적 기업의 기술혁신은 그 성격상 매우 큰 폭의 기술의 변화가 수반되는 중요한 기술혁신이라고 말할 수 있다. 반면에 방어적 기업은 공격적 기업이 완전히 새로운 제품을 출시한 후에 약간 차별화된 제품을 생산하여 시장에 진입하는 기업으로 차별화된 제품의 생산을 위해 그 기업이 개발하는 기술은 기존의 기술을 약간 변화시킨 기술이다. 따라서 방어적 기업의 기술혁신은 그 성격상 변화폭이 크지 않은 사소한 기술혁신이 된다.

공격적 기업과 방어적 기업은 시장 진입의 타이밍에서도 큰 차이가 있다. 공격적 기업은 새로운 시장에 세계 최초로 진입하기를 원한다. 이에 반해 방어적 기업은 시장에 세계 최초로 진입하기를 원하지도 않지만, 너무 늦게 진입하여 완전히 뒤처지기를 원하지도 않는다. 방어적 기업은 공격적 기업이 새로운 시장에 진입한 후에 곧바로 뒤따라 진입하기를 원하며 공격적 기업의 제품과는 약간 차별화된 제품을 공급하여 공격적 기업의 제품에 만족하지 못하는 상당 규모의 수요자를 고객으로 확보하기를 원한다.

다. 기술변화가 크면 그 기술로 생산되는 제품도 아주 새로운 제품이 되며 이 제품에 대한 큰 잠재적 수요가 있는 경우에는 경제적으로는 기존에 없던 새로운 큰 시장이 생기게 된다. 이 제품에 대한 수요가 증가하고 그에 따라 생산도 크게 증가하게 될 것이므로 경제에 미치는 효과는 매우 크게 된다. 이에 반해 기술변화가 작은 경우에는 그 경제적 효과도 상당히 작게 된다. 이미 기존의 제품이 존재하고 그 제품에 대한 시장이 충분히 개발되어 제품의 생산과 공급도 이미 많이 이루어진 상태에서 제품 차별화를 위한 약간의 기술혁신으로는 추가로 개발할 수 있는 추가적 수요는 크지 않을 것이며 따라서 추가적 생산의 증가도 크게 일어나지 못한다. 따라서 약간의 기술변화를 통해 얻을 수 있는 생산량 증대효과는 매우 작게 된다.

따라서 완전히 새로운 제품에 대한 잠재적 수요가 거의 존재하지 않는 경우를 제외하면 기술혁신을 두 가지 중 어느 기준으로 분류한다 하더라도 그 결과는 상당히 유사하게 나올 것으로 생각된다. 이 책에서는 편의상 중요한 기술혁신과 사소한 기술혁신을 기술변화의 크기에 따라 구분하기로 한다.

이처럼 방어적 기업이 차별화된 제품을 이용하여 공격적 기업과 시장에서 직접 경쟁하기를 원하므로 방어적 전략하에서도 상당한 크기의 R&D가 행해진다.[28] 때로는 방어적 기업도 공격적 기업에 못지않게 연구집약적인 경우도 있다.

방어적 기업도 공격적 기업에 못지않게 특허권의 획득을 중요시 한다. 그러나 방어적 기업에게 있어서 특허권의 역할은 공격적 기업의 경우와는 다르다. 공격적 기업에게 있어서 특허는 기술적 우위를 보호하고 독점적 위치를 유지하게 해주는 중요한 수단이다. 특허는 공격적 기업에게는 경쟁 상대기업의 시장진입을 막는 진입장벽의 역할을 하고 있다. 이에 반해 방어적 기업에게 있어서 특허는 공격적 기업에 의한 독점을 약화시킬 수 있는 교섭수단(bargaining counter)이다.[29] 방어적 기업은 공격적 기업이 특허를 통해 시장에 대한 진입

---

28) 방어적 기업이 공격적 기업이 새롭게 개발하여 진입한 시장에 진입하여 시장의 상당부분을 점유하기 위해서는 방어적 기업은 공격적 기업의 진입 후에 곧바로 뒤따라 진입하여야 하며 동시에 공격적 기업의 제품과는 다른 차별화된 제품으로 시장에 진입하여야 한다. 차별화된 제품을 공급해야 하는 이유는 첫째로는 시장에 가장 먼저 진입한 공격적 기업의 제품을 소비자들은 가장 좋은 제품으로 인식하기 때문에 방어적 기업이 동일한 제품으로 경쟁하면 소비자들이 방어적 기업의 제품을 구매할 가능성이 적어서 방어적 기업이 시장의 일부분도 획득하기 어렵기 때문이며, 둘째로는 공격적 기업의 제품에 불만족한 소비자계층이 상당수 존재할 가능성이 큰데 방어적 기업이 이들을 만족시킬 차별화된 제품을 빠른 시간 내에 공급하면 이 소비자들을 자신의 고객으로 확보하여 시장의 상당부분을 획득할 가능성이 크기 때문이다.
따라서 방어적 기업이 성공적으로 시장의 일부를 확보하기 위해서는 차별화된 제품을 빠른 시간 안에 시장에 공급하여야 하는데 이를 위해서는 상당한 자체기술개발능력이 있어야 한다. 방어적 기업은 자신이 신제품을 개발할 능력은 없을지라도 공격적 기업이 신제품을 시장에 내놓으면 그 제품을 보고 작동원리를 신속히 파악하고 소비자들이 추가로 원할 만한 기능을 첨가시켜 차별화된 제품을 신속히 시장에 내어 놓을 수 있어야 한다. 이를 위해서는 자체기술개발능력이 있어야 하며 자체기술개발능력의 확보를 위해 계속적으로 상당한 규모의 연구개발투자를 하여야 하는 것이다.
결국 자체기술개발능력은 공격적 기업뿐 아니라 방어적 기업에게도 중요하다. 방어적 기업은 공격적 기업의 기술수준을 뛰어넘지는 못하더라도 적어도 빠르게 따라 잡을 수 있어야 한다.

29) 공격적 기업은 특허의 성벽으로 방어적 기업의 시장진입을 봉쇄하려고 노력한

장벽을 완전히 쌓기 전에 시장에 진입할 수 있는 통로를 만들어 두어야 하는데 방어적 기업이 획득한 중요한 기술에 대한 특허들이 이러한 통로의 역할을 할 수 있는 것이다. 결국 특허는 방어적 기업에게는 공격적 기업의 진입장벽을 파괴하는 역할을 한다.

(3) 모방적 전략(Imitative Strategy)

모방적 전략은 공격적 기업에 의해 처음 개발된 상품을 그대로 모방한 복사품을 생산하는 전략이다. 모방적 기업은 선두기업을 따라잡으려 하지 않으며 선두기업을 멀찌감치 뒤에서 따라가는 것으로 만족한다. 다시 말해서 모방적 기업은 공격적 기업과 방어적 기업을 경쟁상대로 생각하지 않으며 공격적 기업과 방어적 기업이 거의 사용하지 않는 낡은 기술을 사용하여 제품을 생산한다.[30)]

다. 그러나 방어적 기업이 빠른 속도로 중요한 특허를 상당수 획득하게 되면 공격적 기업은 이제 더 이상 방어적 기업의 시장진입을 봉쇄할 수 없음을 알게 되며 방어적 기업의 시장진입을 받아들이게 된다. 이런 단계에 이르면 공격적 기업이 많은 특허를 갖고 있지만 방어적 기업도 상당히 중요한 특허를 여러 개 갖고 있게 되며 방어적 기업의 특허 중에 공격적 기업에게도 필요한 특허가 생겨나게 된다. 공격적 기업은 이제 방어적 기업을 협상의 파트너로 인식하게 되며 자신의 특허와 방어적 기업의 특허를 교환하여 사용하는 기술공동사용협정을 체결하게 된다. 결국 특허권은 방어적 기업에게 공격적 기업과의 협상에 필요한 상당히 중요한 교섭수단이 된다.

30) 모방적 기업의 이러한 행동은 방어적 기업과 크게 대비된다. 방어적 기업은 공격적 기업, 방어적 기업과의 정면 대결을 회피한 채 뒤쳐져 있는 모방적 기업과는 달리 공격적 기업과 동일한 시장에서 시장의 획득을 위해 싸우고 있는 경쟁상대기업이다. 방어적 기업은 기술력의 부족으로 공격적 기업을 약간의 시차를 두고 뒤따라가고 있지만 기회가 되면 공격적 기업을 공격하여 시장을 빼앗아 공격적 기업을 앞서려는 꿈을 가지고 있다고 말할 수 있다.
마라톤을 예로 든다면 방어적 기업은 선두주자에 바짝 붙어서 선두그룹을 형성하고 달리고 있는 선두그룹내의 주자라고 할 수 있다. 이 주자는 선두주자의 뒤를 따라가고 있지만 우승을 포기한 것은 전혀 아니며 힘을 비축하다가 선두주자가 지친 것 같으면 치고 나와 역전우승을 노리는 주자이다. 방어적 기업도 공격적 기업을 바짝 뒤쫓아 가지만 기회가 있으면 공격적 기업을 능가하려고 한다는 점에서 역전우승을 노리는 주자와 같다고 할 수 있다. 모방적 기업은 선두그룹에서 멀찌감치 뒤쳐져서 쫓아가는 후위그룹내의 주자라고 할 수 있다.

모방적 기업은 자체적인 연구개발투자를 거의 하지 않으며 주로 다른 기업의 기술을 빌려서 사용한다. 따라서 모방적 기업은 다른 기업의 기술과 특허를 사용하기 위해 지불하는 비용이 항상 자신의 기술, 특허를 빌려주고 받는 수입보다 크다.[31] 모방적 기업은 중요하지 않은 특허를 얻기도 하지만 특허의 취득은 공격적, 방어적 기업과는 달리 이 기업의 중심적 전략이라기보다는 기업의 생산활동의 부산물이다.

모방적 기업은 기존의 선도기업(공격적 기업, 방어적 기업)과 직접적으로 경쟁하는 시장에 진입하여 경쟁하는 경우도 있는데 그러기 위해서는 기술력의 차이를 상쇄할 수 있는 상당한 정도의 이점이 있어야 한다. 모방적 기업은 모방기업자체의 수요가 큰 경우, 지역적 전용시장(captive market)이 큰 규모로 존재하는 경우, 요소비용상의 이점이 큰 경우에는 기술력이 떨어지더라도 선도기업과 경쟁하여 살아남을 수 있다.[32]

이 주자는 우승은 이미 포기한 채 완주하기를 바라며 힘겹게 뛰어가고 있는 사람으로 선두그룹과의 경쟁은 전혀 생각하지 않고 있다. 모방적 기업도 공격적 기업을 멀찌감치 뒤에서 쫓아가며 공격적 기업과의 경쟁은 전혀 생각하지 않으며 공격적 기업을 능가할 꿈을 전혀 갖지 않는다는 면에서 후위그룹의 주자와 같다고 할 수 있다.

31) 방어적 기업은 모방적 기업과는 달리 시장에 진입하기 위해 상당한 크기의 자체기술개발투자를 하며 그 결과로 어느 정도의 특허도 획득하게 된다. 따라서 방어적 기업도 다른 기업의 기술, 특허를 사용하기 위해 지불하는 비용이 자주 자신의 기술, 특허를 빌려주고 받는 수입보다 크지만 가끔씩은 자신의 기술, 특허를 빌려주고 받는 수입이 더 클 때도 있다.

32) 모방기업자체의 수요가 큰 경우 즉 생산 제품에 대한 기업자체의 내부적 수요가 큰 경우에는 모방적 기업은 자신의 제품이 품질이 좀 떨어지거나 가격이 좀 비싸더라도 내부적으로 다른 계열기업이나 다른 사업부에 그 제품을 지속적으로 판매할 수 있어서 공격적 기업과의 경쟁에서 살아남을 수 있다. 예를 들어 철강을 많이 사용하는 현대자동차가 철강회사(현대철강)를 차리는 경우에는 현대자동차는 품질이 좀 떨어지고 가격이 좀 비싸도 가능하면 현대철강으로부터 많은 양의 철강을 구입할 것이다. 따라서 현대철강은 포스코에 비해 열등한 제품을 생산하여도 포스코와의 경쟁에서 살아남을 수 있다.
이 논리는 과거에는 상당히 잘 적용될 수 있는 논리였지만 오늘날에도 여전히 타당한 논리인가는 의심스럽다. 오늘날 기업 간의 경쟁은 모든 산업에서 더욱 더 치열해지고 있다. 자동차산업에서도 생존을 놓고 치열한 경쟁이 전개되고 있는데 이러한 상황에서 계열부품회사로부터 열등한 부품을 비싸게 공급받는다

기술진보가 급속히 일어나는 경우 모방기업은 이러한 이점이 있더라도 선도기업(공격적 기업, 방어적 기업)을 따라 잡기 힘들다. 이 경우에는 선도기업이 계속 새로운 신제품을 출시하여 앞으로 나아가기 때문에 기술력이 뒤쳐지는 모방적 기업은 공격적 기업과 동일한 기술수준의 제품을 생산하지 못하고 멀리 뒤쳐져 따라갈 수밖에 없다.

그러나 기술진보의 속도가 매우 느려지고, 산업이 성숙되면 선도기업은 더 이상 계속 새로운 신제품을 출시하기 어려우며 모방적 기업은 꾸준한 모방을 통해 기술수준의 격차를 줄여나가게 되고 결국에는 공격적 기업과 동일한 기술수준의 제품을 더욱 저렴한 가격에 생산하여 공급할 수 있게 된다. 이 시기에 이르면 공격적 기업과 모방적 기업은 동일한 시장에서 정면 대결하게 되는데 유사한 품질의 제품을

면 완성차업체는 품질이 나쁜 자동차를 비싼 가격에 팔게 되어 경쟁력을 잃고 결국에는 도산할 가능성이 커지게 된다. 조금만 잘못하여도 경쟁에 뒤쳐져서 도산할 수밖에 없는 상황에서 완성차업체는 경쟁력 없는 계열부품회사를 계속 보조해 줄 수 없을 것이다. 따라서 모방기업자체의 수요가 크다고 함부로 경쟁력 없는 부품산업에 진출한 가능성은 점점 더 줄어들 수밖에 없다.

지역적인 전용시장(captive market)이 존재하는 경우 즉 관세 또는 정치적 특혜에 의한 보호장벽이 존재하는 경우에도 기술력이 뒤떨어진 모방적 기업이 기술력이 뛰어난 기업과의 경쟁에서 살아남을 수 있다. 이 경우에는 보호장벽이 세워진 지역 내에는 외부(외국)로부터 기업이 진입할 수 없다. 이렇게 외부의 공격적 기업의 진입과 제품의 생산이 봉쇄된 상태에서는 만약 국내의 모방적 기업이 외국의 공격적 기업으로부터 상당히 낡은 기술을 도입하여 열등한 제품을 생산하더라도 모방적 기업은 충분히 많은 양의 제품을 생산, 판매하여 이익을 보고 생존할 수 있다. 이 논리도 오늘날에는 점점 더 설득력을 잃어가고 있다. 오늘날 우리는 국가간의 진입장벽이 FTA(자유무역협정)등을 통해 계속 낮아지고 있음을 목격하게 된다. 이러한 추세속에서 지역적 전용시장은 점점 줄어들 수밖에 없으며 기업들은 국가의 도움없이 외국의 기업들과 정면 대결을 펼쳐야 하는 시대가 된 것이다.

요소비용상의 이점이 큰 경우 즉 개발도상국에 입지한 모방적 기업의 요소비용이 선진국에 입지한 공격적 기업에 비해 매우 싸서 동일한 제품을 더 싸게 생산하는 경우에도 모방적 기업은 공격적 기업과 경쟁하여 생존할 수 있다. 1970년대의 한국의 섬유산업을 예로 들 수 있을 것이다. 한국의 섬유산업내의 기업들은 선진국 기업들의 낡은 기술을 도입하고 저임금 노동자를 이용하여 매우 싼 가격으로 제품을 생산하여 처음에는 수입대체를 이루어내고 나중에는 해외시장에 수출하여 선진국의 공격적 기업들과 경쟁하며 시장을 확장해 나갈 수 있었다.

싸게 공급하는 모방적 기업이 경쟁에서 승리할 가능성이 매우 커지게 되며 모방적 기업의 공격에 시달리던 공격적 기업은 다른 새로운 분야로 옮겨갈 가능성이 커지게 된다.

(4) 의존적 전략(Dependent Strategy)

의존적 전략은 다른 더 강한 기업과의 관계에서 본질적으로 위성적 또는 종속적 역할(하청기업적 역할)을 받아들이는 전략이다. 의존적 기업은 고객이나 모기업으로부터의 구체적 요구가 있는 경우를 제외하고는 생산제품의 기술적 변화(기술혁신)를 주도하려고 하지 않으며 심지어는 다른 기업의 기술혁신을 모방하려는 노력도 하지 않는다.

의존적 기업은 제품 디자인(설계)상의 주도권을 완전히 상실하고 연구개발시설도 전혀 없다. 자본집약적 산업의 소기업이 의존적 기업에 속하며 의존적 기업은 거의 어떠한 기술혁신도 하지 않는다.

순수한 의존적 기업은 사실은 대기업의 한 부서(과 또는 국)에 불과하며 많은 경우 실제로 합병된다. 그럼에도 불구하고 의존적 기업(하청업체)이 존재하는 이유들이 있다. 대기업의 입장에서는 하청업체는 모기업의 작업량(work load)의 변동을 완화시킬 수 있는 유용한 완충작용을 하기 때문에 모기업-하청기업관계를 유지하고자 한다. 의존적 기업의 입장에서는 의존적 기업이 경영다각화나 시장의 확대에 의해 그 기업 자체의 지위를 격상시킬 수 있는 가능성이 있기 때문에 독립을 유지하려고 한다.

(5) 전통적 전략(Traditional Strategy)

전통적 전략은 전통을 고수하려는 전략 다시 말해서 전통적 방법을 계속 유지하여 생산을 하려는 전략이다. 전통적 기업은 변화의 필요성을 느끼지 않기 때문에 전통적 기업에 의해 공급되는 제품은 거의 변화하지 않는다.[33] 변화의 필요성을 느끼지 않는 이유는 수요자측면에서 수요자들이 변화를 요구하지도 않고 있으며, 공급자측면에서 경쟁상대기업들이나 이 기업이나 모두 제품의 질적 변화를 이룩할만한 과학기술적 능력을 갖고 있지 못하기 때문이다.

전통적 기업은 본질적으로 제품의 기술적, 질적 변화를 이룰 수는 없지만 제품의 design(겉모양)의 변화는 이룰 수 있다. 안동하회탈, 한산모시, 담양 죽공예품과 같은 수공업제품을 생산하는 기업들이 주로 이 전략을 따른다.

(6) 기회주의적 전략(Opportunist Strategy)

기회주의적 전략은 누구나 활용할 수 있지만 남들이 포착하지 못한 기회를 먼저 이용하고자 하는 전략이다. 이 전략을 쓰기 위해서는 자체적인 R&D 투자를 하여 신기술을 개발해야할 필요는 없다. 제품을 개발할 기술은 이미 있으나 이익을 볼 수 있는 기회를 포착하지 못하여 제품이 생산, 공급되지 못한 것이기 때문에 남들이 포착하지 못한 기회를 먼저 찾아내기만 하면 기존 기술로도 충분히 제품의 생산, 공급이 가능한 것이다.

이 전략은 시장이 급격하게 변화할 때 쓸 수 있는 기회가 많아진다. 예를 들어 수요패턴이 급변하는 시장에서는 기존의 기업들이 공급하는 제품으로 만족하지 못하는 상당한 규모의 소비자가 존재하게 되는데 기회를 포착하는 능력이 뛰어난 유능한 경영자는 이 집단을 빨리 발견하고 이들이 원하는 제품이나 용역을 현존하는 기술을 조합하여 생산 공급함으로 해서 크게 성공할 수 있다.

이 전략은 소비자의 소득과 구매력이 계속 증가하는 경우에도 쓸 수 있을 것이다. 소비자의 소득과 구매력이 낮은 상태에서 한 상품에 대한 시장수요는 매우 작게 된다. 초기에는 단일 제품이 공급되고 소

---

33) 이와는 달리 의존적 기업에 의해 공급되는 제품은 외부의 모기업이나 하청을 주는 기업들의 요구에 따라서 상당히 많이 변화된다.

비자들은 동일한 제품을 소비할 것이다. 소비자들의 소득이 어느 정도 증가하면 소비자들의 수요가 고가·고품질 제품의 수요와 저가·저품질 제품의 수요로 분화되기 시작하고 두 제품에 대한 수요가 충분히 커지면 제품은 고가품과 저가품으로 차별화되어 공급된다. 이때 충분한 수요가 생겨나는 시점에 이 기회를 포착하여 고가품시장에 먼저 진입한 기업은 얼마동안 상당한 이윤을 보게 된다. 그러나 이 시점에 도달하여서도 수요는 아직 충분히 커지지 않아서 중가·중품질 제품을 공급할 인센티브는 아직도 존재하지 않게 된다. 소득이 더 커지게 되면 이제 수요가 더 커지게 되고 마침내 중가·중품질 제품에 대한 충분한 수요가 발생하는 시점에 도달하는데 이 기회를 잘 포착하여 중가·중품질의 제품을 시장에 적기에 공급하는 기업은 상당히 큰 이윤을 보게 된다.

위에 든 경우의 기업들은 남들이 포착하지 못한 기회를 먼저 이용한다는 점에서 기회주의적 전략을 따른다고 말할 수 있다.

재빨리 기회를 포착할 수 있는 능력은 희소한 능력이기 때문에 이 능력을 타고난 유능한 경영자들은 새로운 기회를 계속 발견하여 계속 성공할 수 있다.

(7) 개발도상국의 기술혁신전략

Freeman & Soete(1997)은 위와 같이 기술혁신전략단계를 여섯 단계로 구분하고 있는데 이 구분은 현재의 상태에서 한 나라 또는 한 기업이 기술적으로 어떤 수준에 있는지를 나타내는 정태적 분류일 뿐이며 기술수준이 낮은 나라가 어떻게 하면 기술수준을 높여갈 수 있는지에 대하여는 구체적으로 설명하고 있지 않다.

기술적으로 후진상태에 있는 개발도상국의 입장에서는 어떻게 하면 기술적 격차를 줄여서 기술선진국을 따라잡을 수 있겠는가가 현재의 기술수준을 분류하는 것보다 훨씬 더 중요한 과제라고 할 수 있다. 본 절에서는 기술적으로 후진상태에 있는 개발도상국이 선진국과의 기술격차를 줄이려면 어떻게 해야 할 것인지를 다루어 보고자 한다.

저개발국경제는 기술혁신전략단계상 의존적, 전통적 전략을 따르고 있다. 이러한 전략을 계속 따르는 경우에 그 국가는 계속 기술적으로 뒤쳐져 있을 수밖에 없고 결코 가난한 삶을 벗어날 수 없을 것이다. 이를 극복하기 위해서는 저개발국 또는 개발도상국은 연구개발투자를 강화하여 기술수준을 높여나가야 할 것이다. 저개발국은 우선 모방적 전략으로부터 시작하여 꾸준히 선진국과의 기술격차를 줄여나가는 노력을 계속해 나가야 할 것이다.

선진국과의 기술격차를 줄여나가기 위해서는 저개발국 또는 개발도상국은 우선 다각도로 선진국의 기술을 수입해야할 것이고 이 기술을 토착화하고 응용하기 위해 자체기술력을 향상시켜야할 것이며 제한된 자원을 극대화하기 위해 연구개발투자도 중복없이 효율적으로 추진하여야 할 것이다. 이러한 방안들을 좀 더 구체적으로 설명하면 다음과 같다.

(i) 선진국 기술의 수입과 토착화

기술력의 향상을 위해서는 우선 선진국의 기술을 다양한 경로로 빠르게 들여올 수 있어야 한다. 첫째, 공식적인 채널을 통해 외국의 선진기술을 기술사용료(로열티)를 주고 수입할 수 있다. 둘째, 선진국의 최신제품을 가져와서 실험실에서 분해하고 다시 조립하는 과정을 반복하여 그 제품의 작동과 관련된 기술을 습득할 수 있다. 셋째, 산업스파이를 써서 선진국의 최신기술을 빼오는 방법을 쓸 수도 있다. 개발도상국이 이렇게 들여온 기술을 완전히 습득함과 동시에 생산과정상의 사소한 기술혁신을 통해 생산의 효율성을 높여나가면 (다시 말해서 기술의 토착화를 이루어내면) 기술수준을 빠른 속도로 높여나갈 수 있으며 때로는 선진국 기업과의 경쟁도 가능하게 될 것이다.[34)][35)]

---

34) 이러한 방식을 잘 활용하여 크게 성공한 나라가 일본이다. 일본이 기술적으로

모방적 전략에서 출발하여 기술력을 키우려고 노력하였던 시기는 미국이 기술적 최강국의 자리를 굳게 지키고 있었던 시기로 미국은 일본이 기술적으로 성장하는 것을 전혀 위협으로 생각하지 않았으며 도리어 좀 더 도와주어야 한다는 생각을 갖고 있었다. 따라서 일본은 선진국 특히 미국의 기술을 신속히, 값싸게 수입할 수 있었으며 미국의 감시가 허술한 상태에서 미국의 최신기술을 산업스파이활동을 통해 빼올 수 있었다.

일본은 이처럼 쉽게 들여온 선진기술을 빠른 속도로 토착화하였으며 생산과정상의 많은 사소한 기술혁신을 통해 생산의 효율성을 선진국수준으로 끌어올리게 되었다. 그 결과 선진국 제품을 능가하는 가격경쟁력을 확보하게 되어 선진국에서 수입한 기술로 선진국시장에 제품을 수출하여 선진국 기업을 압도하는 단계에 까지 이르게 되었다.(이러한 현상을 수출된 선진국기술이 돌아와 선진국기업을 공격한다고 하여 부메랑효과라고도 한다.)

오늘날 한국도 일본의 이러한 전략을 이용하여 선진국과의 기술격차를 줄이고자 노력하고 있다. 그러나 한국의 기업들이 처한 상황은 일본에 비하여는 훨씬 좋지 못하다. 우선 최근에 와서는 미국이 기술적으로 다른 모든 나라를 압도하는 압도적인 우위를 지키지 못하고 있으며 선진국들이 기술적 패권을 놓고 서로 치열하게 싸우고 있다. 그 결과 기술적 보호주의가 확산되어서 최신기술을 수입하는 것도 어려워지고 수입에 대한 대가로 지불하는 기술사용료도 매우 큰 폭으로 증가하고 있다. 최근에는 또한 기술적 보호주의로 인해 기술 스파이활동을 통한 최신기술의 수집도 매우 어려워지게 되었다. 따라서 한국의 기업들이 외국의 선진기술을 과거의 일본처럼 빠르게, 쉽게, 그리고 값싸게 도입하기는 어려운 상황이다. 이러한 상황에서 한국이 선진국의 최신기술을 빠르게 도입하여 활용하는 전략을 포기할 수는 없지만 그 비중은 감소시킬 수밖에 없으며 자체적 기술개발투자의 증대를 통해 자체적 기술개발능력을 향상시키기 위한 노력은 크게 강화되어야 할 것이다.

35) 삼성전자의 대표사업으로 세계적 경쟁력을 갖고 있는 휴대폰사업이나 반도체사업도 선진국 기업의 기술을 모방하는 모방적전략에서 시작되었다. 선진국기업 제품의 분해와 조립을 통한 기술습득이 있었고, 기술자들의 선진국 기업의 견학과 연수과정을 통해 선진국 기업의 핵심기술을 뽑아오고자 노력하는 스파이활동도 있었다. 그러나 삼성전자는 여기에서 멈추지 않고 자체적 기술개발활동에 대한 대규모 투자를 계속하여 자체적 기술력을 강화하고자 노력하였으며 이를 토대로 기술수준의 급격한 향상을 꾀하였다. 그 결과 기술수준의 격차는 단기간에 급격히 감소하였고 결국에는 삼성전자가 선진국 기업의 기술수준을 능가하는 쾌거를 이루게 되었다. 오늘날 세계최고의 기술력을 보유하고 있으며 세계최고의 경쟁력을 갖고 있는 한국의 조선산업도 비슷한 과정을 밟아 최고의 위치에 오르게 되었다. 대우조선, 현대중공업 등은 초기에 고부가가치 LNG선을 개발하는 단계에서는 일본기업의 최신기술을 모방하고 빼내오기 위해 모방적 전략을 취하였으나 그 후 엄청난 자체개발노력을 통해 일본을 능가하고 세계 최고의 기술력을 갖게 되었던 것이다. 이처럼 기술력이 없는 초기상태에는 모방을 통해 급속히 선진국 기업의 기술을 도입하고 그 후 엄청난 투자를 통해

(ii) 기술자의 해외연수의 활성화와 고급기술분야에의 유학생 파견

기술자는 해외연수를 통해 외국의 첨단기술을 접할 기회를 갖게 되며 첨단기술의 일부를 체득하고 습득하게 되는데 이렇게 습득된 기술은 기술자가 생산현장으로 복귀하면서 자연스럽게 가지고 들어오게 되어 기술자의 해외연수는 첨단기술이 수입되는 것과 같은 효과를 갖게 된다.

첨단기술분야의 유학생도 외국의 최고수준의 대학교의 석박사과정에서 공부하는 동안 최첨단의 기술을 습득하게 되며 이 유학생들이 공부를 마친 후, 또는 외국의 유명연구소나 대학에서 더 연구한 후에 한국에 돌아오게 되면 이 첨단기술도 함께 들어오게 되어 유학생의 귀국도 첨단기술의 수입과 같은 효과를 갖게 된다.[36)]

이 두 가지 방법은 첨단기술을 직접 수입하는 것은 아니지만 첨단기술을 습득한 기술자나 유학생의 귀국을 통해 첨단기술이 함께 들어온다는 면에서는 첨단기술의 직접 수입과 동일한 효과를 갖기 때문에 더욱 활성화시킬 필요가 있다.

(iii) R&D 총액의 증가와 R&D의 효율적 투자

개발도상국의 기술개발투자 총액은 선진국의 기술개발투자 총액에 비해서 엄청나게 작은 수준이다. 따라서 기술수준의 격차를 줄이기 위해서는 기술개발투자 총액이 증가되어야 한다. 그러나 국가 전체의 총 GDP의 규모가 매우 작은 상황에서 기술개발투자 총액만을 크게

자체기술개발능력을 향상시켜서 최고의 기술력을 갖는다는 전략은 오늘날에도 충분히 사용될 수 있는 전략이다.

36) 삼성전자는 유학생을 통한 첨단기술의 수입을 가장 잘 활용한 기업이다. 삼성전자의 반도체사업은 해외유학생출신인 삼성전자의 전사장 진대제씨와 현사장 황창규씨의 영입을 통해 메가디램의 개발을 크게 앞당길 수 있었으며 기술적으로 최고의 수준에 올라설 수 있었다.
과거에는 이처럼 유학생들이 공부를 마친 후에 대부분 귀국하여 한국의 기술력 향상에 크게 기여하였지만 최근에는 유학생들이 대부분 공부를 마친 후에도 외국에서 직장을 갖고 귀국하지 않고 있는데 이는 우리나라의 입장에서는 매우 우려되는 점이며 이에 대한 시급한 대책이 필요한 부분이다.

늘리는 것은 거의 불가능한 일이다.

따라서 우선 총 GDP를 증가시킬 필요가 있는데 이를 위해서는 기술개발측면에서 모든 분야를 고르게 발전시키는 균형발전전략보다는 경쟁력 있는 부문에 몰아주는 불균형 발전전략이 필요하다고 생각된다.

선진국과 비교해 볼 때 엄청나게 적은 연구개발비를 가지고 모든 분야를 고루 연구하는 것은 옳지 않다. 이 방식으로는 모든 분야에서 선진국에 비해 훨씬 적은 연구개발투자가 이루어지게 되고 따라서 어느 분야에서도 선진국과의 격차를 줄일 수 없으며 결코 선진국을 따라 갈 수 없게 된다.

그 대신 한정된 연구개발비를 가장 큰 효과를 볼 수 있는 분야에 효율적으로 투자하여야 한다. 개발도상국이 한정된 자원을 미래에 급격히 수요가 성장할 것으로 예상되며 우리의 기술수준이 상대적으로 선진국에 매우 접근한 전략적으로 중요한 몇 개의 분야에 집중투자하면 그 분야에서 선진국과의 격차를 줄일 수 있을 것이며 이러한 투자가 성공하여 선진국을 능가할 수도 있을 것이다. 개발도상국이 예를 들어 반도체나 유전공학과 같은 산업의 초기단계에 이들 분야에 집중투자하여 선진국과 대등한 기술적 경쟁력을 확보하게 된다면 이들 산업이 폭발적으로 성장하는 국면에서 개발도상국의 반도체 또는 유전공학산업이 함께 폭발적으로 성장할 수 있게 되며 그 결과 국가 전체의 총 GDP도 급격히 증가하게 될 것이다.

국가 전체의 총 GDP가 크게 증가함에 따라 기술개발투자의 규모도 크게 증가시킬 수 있게 되는데 이처럼 국력이 크게 신장되는 단계에 도달하면 이제는 소외되었던 다른 분야의 기술개발을 위해서도 투자하여 균형적 기술개발전략을 취할 수 있게 될 것이다.

(iv) 정부의 효율적인 재정, 세제상의 지원

연구개발투자의 결과 발생하는 새로운 기술은 그 기술을 개발한 기업만 사용할 수 있는 것이 아니라 주변의 다른 기업들도 사용하여 이득을 볼 수 있다. 따라서 새로운 기술의 사회적 이득은 개발한 기업의 사적 이득보다 훨씬 더 크다.

이러한 상황에서 연구개발활동을 개인적 기업에게만 남겨두고 국가가 전혀 관여하지 않는다면 개인적 기업은 자신의 사적 이득에서 기술개발비용을 뺀 순 이득이 극대화될 때까지만 기술개발활동을 할 것이다. 이 경우에 사회적 이득은 사적 이득보다 훨씬 크고 사회적 기술개발비용은 사적 기술개발비용과 동일하다고 하면 사회적 순 이득을 극대화하는 기술개발활동은 사적 순 이득을 극대화하는 기술개발활동보다 훨씬 크게 될 것이다.

따라서 개별 기업의 기술개발활동에 정부가 전혀 관여하지 않는다면 개별기업의 연구개발활동은 사회적으로 바람직한 수준보다 훨씬 적은 수준이 될 것이다. 이를 보완하여 개별기업의 기술개발활동이 사회적으로 바람직한 수준으로 증가되도록 하기 위해서는 정부가 재정적 지원을 통해 개별기업의 실질적 기술개발비용을 줄여주거나 기술개발투자에 대한 세금감면을 통해 실질적 기술개발비용을 줄여줄 필요가 있다. 기술개발비용이 실질적으로 감소하면 기업은 현재의 기술개발에 대한 투자수준에서 추가적 투입의 한계이득이 한계비용을 능가하여 기술개발투자를 더 늘릴 인센티브가 생겨나게 되며 따라서 기술개발활동이 사회적으로 바람직한 수준으로 증가할 것이다.

이에 더하여 개발도상국의 경우에는 기술개발활동 시에 필요한 자금의 조달비용이 선진국에 비해 더 클 수밖에 없어서 기술개발활동은 선진국에 비해 훨씬 더 저조할 가능성이 높다. 따라서 기업들이 사회적으로 바람직한 수준의 기술개발활동을 하게하고, 또 더 나아가 선진국에 비해 더 열심히 연구개발활동을 하도록 유도하기 위해서는 정부가 선진국에 비해 더 폭넓은 재정 및 세제상의 지원을 하여야 할 것이다.

(v) 중복투자의 방지를 위한 제도적 장치의 고안

연구개발투자 총액이 선진국보다 훨씬 적은 상태에서 선진국과 경쟁하기 위해서는 개발도상국의 연구개발투자는 낭비없이, 중복없이 잘 이루어져야 한다. 정부는 기업 간의 경쟁이 쓸데없는 중복투자로 자원을 낭비하지 않도록 하는 제도적 장치를 고안하고 이 장치가 잘 작동되도록 잘 관리하여야 할 것이다.

중복투자 방지를 위해 고안된 제도적 장치로 기술연구조합을 들 수 있다. 이는 일본에서 사용되는 제도적 장치인데 상당히 오랜 기간 동안 잘 작동되고 있다. 이 제도적 장치는 새로운 기술의 개발과정에서 초기에는 4-5개 선도기업을 묶어서 기술연구조합을 결성하여 기초기술을 공동개발하게 하며 기초기술이 개발된 후에는 그 기술을 이용하여 상업화하는 과정에서 기업들이 대등하게 경쟁하게 한다. 이 제도적 장치는 처음에는 공동개발을, 나중에는 경쟁을 유도하여 초기단계에서의 중복투자를 방지하고 기술개발의 효율성을 높이는 것을 목표로 하고 있다.

이 제도적 장치가 잘 작동하기 위해서는 무임승차의 문제가 없어야 한다.[37] 다시 말해서 기술연구조합에 파견될 연구원은 각 회사에서 인정받는 우수한 연구원이어야 하며 그들이 기초기술의 공동개발을 위해 열심히 노력하여야 한다. 이렇게 되면 기초기술을 각각의 기업들이 개별적으로 따로 개발하는 경우에 비해서 (만약 공동개발에 참여하는 기업의 수가 5개라면) 기초기술 개발단계에서의 비용은 1/5

---

37) 만약 무임승차의 문제가 발생하게 되면 도리어 총개발비용이 증가할 수도 있다. 여기서 무임승차란 기초기술의 공동개발과정에 참여하는 기업들이 공동개발작업시에 자신의 노력은 최소화하고 공동개발로부터 나오는 결과물은 자기 마음대로 사용하고자 하는 것을 의미한다. 참여하는 기업들이 모두 무임승차할 생각을 갖게 되면 각 기업은 소속 연구원 중 가장 열등한 연구원을 파견하여 참여하는 모양새만을 갖출 것인데 이렇게 되면 기술의 공동개발작업은 제대로 잘 이루어지지 않게 되고 기초기술도 제대로 잘 개발될 수 없을 것이다. 무임승차시에는 각 기업은 기술의 공동개발에 큰 기대를 걸지 않게 되며 따라서 각 기업은 별도로 기초기술의 개발작업을 은밀히 진행하게 될 가능성이 높다.
이렇게 되면 기술연구조합이 있는 경우가 기술연구조합이 없는 경우에 비해 기초기술의 개발에 투입되는 총개발비용이 증가하게 되며 기술개발도 더 늦게 이루어질 가능성이 크게 된다. 상업화과정에서의 기술개발비용에 별다른 차이가 없음을 감안하면 기술연구조합이 있는 경우가 기술연구조합이 없는 경우에 비해 전체적 기술개발비용이 더 커져서 기술개발의 효율성이 도리어 더 감소될 수도 있다.

로 줄어들게 되어 개발비용을 많이 절약할 수 있다. 또한 동시에 각각의 회사의 가장 유능한 연구원들을 모아서 그들이 잘 협력하여 기술을 개발한다면 기술개발에 필요한 시간도 상당히 단축될 수 있을 것이다. 이처럼 기술연구조합이 무임승차의 문제없이 잘 활용된다면 기초기술 개발단계에서의 개발비용도 크게 줄고 개발에 걸리는 시간도 상당히 단축시킬 수 있게 된다.

이런 식으로 기초기술을 개발한 후에 그 기술을 응용하여 신제품을 만드는 단계에서는 참여기업들이 대등하게 경쟁하게 한다면 기술의 응용과 상업화단계에서는 기술연구조합이 없이 자유롭게 경쟁하는 것과 동일하게 되어 기술연구조합이 있는 경우와 없는 경우 사이에 상업화단계에서의 개발비용에는 차이가 없게 된다.

결국 기술연구조합이 잘 운영되는 경우는 기술연구조합이 없는 경우에 비해 기초기술개발 단계에서는 개발비용과 개발시간을 줄일 수 있으며, 상업화단계에서는 개발비용의 차이가 없게 되어서 전체적으로 보면 개발비용과 개발시간을 줄일 수 있게 된다.

이처럼 기술개발시의 중복투자를 줄여서 기술개발에 투자되는 총비용을 감소시킬 수 있는 기술연구조합제도는 연구개발비의 총규모가 작아서 연구개발비를 효율적으로 사용하여야 할 필요성이 큰 개발도상국에서 사용되면 큰 도움이 될 수 있을 것으로 생각된다.

5. 기술혁신전략단계에 대한 실증분석: 한-일 비교분석38)

본 장에서는 한국과 일본이 4장에서 자세히 설명한 기술혁신전략의 여섯 단계 중 어떤 단계에 있는지를 Tisdell의 그래프 분석과 기술의존도 분석을 이용하여 실증적으로 분석해 보고자 한다.

38) 김인걸(2006) p.12-21의 실증분석을 인용하였음.

(1) Tisdell의 그래프를 이용한 분석

Tisdell(1981)은 기술혁신전략단계별로 자체기술개발과 기술이전 사이의 관계가 다를 것으로 보고 그 차이를 이용하여 그래프적으로 기술혁신전략단계를 분석하고 있다. Tisdell에 의하면 의존적 전략하에서는 자체기술개발과 기술이전 사이에는 양의 상관관계가 존재하는데 이것은 기술수준이 낮은 상태에서는 개발하고자 하는 기술은 외국에 이미 존재하는 기술이므로 자체기술개발노력이 증가될수록 핵심부분에 대한 기술도입의 필요성이 증가하기 때문이다. 방어적 전략(또는 모방적 전략)하에서는 둘 사이에는 음의 상관관계(방어적 전략하에서는 훨씬 강한 음의 관계)가 존재하는데 이렇게 되는 이유는 모방적 전략의 경우 쉬운 기술은 자체 개발할 능력을 갖고 있으므로 자체개발노력을 증가시키는 경우 필요한 기술도입의 양이 일부 감소되게 되기 때문이다. 방어적 전략의 경우 거의 모든 기술이 자체개발 될 수 있을 만큼 기술수준이 높은 상태이므로 지금보다 더 많은 기술을 자체개발하는 경우 거의 그에 해당하는 만큼 기술이전의 필요성은 감소한다. 공격적 전략의 경우 둘 사이에는 다시 양의 상관관계가 존재하는데 이렇게 보이는 이유는 공격적 전략의 단계에는 더 이상 남의 아이디어를 빌릴 수 없게 되고(즉 기술수입의 감소) 그 결과 외국의 기술도입에 의해 촉진되던 자체기술개발의 부분은 감소할 수밖에 없기 때문이다.

이를 그림으로 표시하면 아래와 같다. 그림상의 AB구간은 의존적 전략에 해당하고 BC구간은 모방적 및 방어적 전략에 해당하고 CD구간은 공격적 전략에 해당하는 구간이다.

이제 〈그림 1〉의 그래프를 이용하여 한국과 일본의 기술혁신전략단계를 분석하도록 하자. 한국, 일본에 대해 이 그래프를 그리면 아래의 〈그림 2〉, 〈그림 4〉와 같다. 한국의 경우 〈그림 2〉에서 볼 때 1990년부터 모방적 단계에서 벗어나 방어적 단계로 나아가려는 노력이 상당히 시작되었다고 볼 수 있다. 1993년부터 기술도입이 자체기술개발보다 훨씬 빠른 속도로 증가하고 있는 것으로 나타나 외견상으로 이러한 노력이 중단된 것으로 나타나지만 최근의 기술보호주의와 우리가 도입하고자 하는 기술이 점점 더 첨단화하고 있음을 생각할 때 기술도입의 증가는 royalty금액의 증가속도보다 훨씬 속도가 느릴 것으로 생각된다.

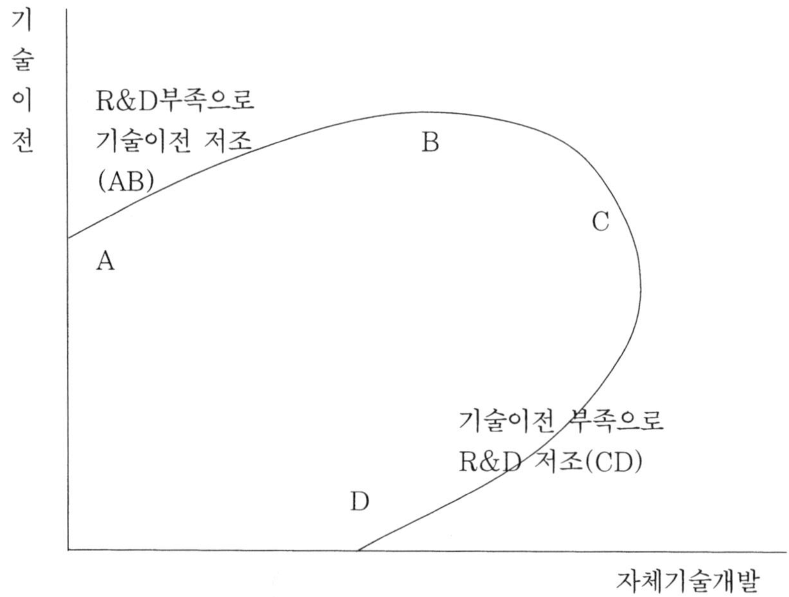

자료: Tisdell(1981), p.50

〈그림 1〉 자체기술개발과 외국기술이전의 관계

이러한 생각은 〈그림 3〉에 의해 뒷받침되고 있다. 〈그림 3〉에서는 Y축에 기술도입액지수 대신에 기술도입건수지수를 사용하고 있는데 이 경우에는 〈그림 2〉와는 달리 한국이 방어적 단계에 확실히 진입한 것으로 나타나고 있다. 그러나 기술도입건수의 감소가 자체기술개발의 결과 외국의 기술에 대한 우리의 필요성이 감소했기 때문에 발생한 것이 아니라 우리가 얻고자 하는 기술을 외국기업이 제공하기를 꺼려하기 때문에 발생했다는 점을 생각하면 한국이 확실히 방어적 단계에 진입했다고 결론짓기는 어렵다. 실제의 상황은 위의 두 극단적 경우의 중간에 위치한다고 볼 수 있으며 따라서 우리는 한국이 이제 모방적 단계를 벗어나 방어적 단계에 진입하기 시작하였다고 결론지을 수 있다.

일본의 경우 〈그림 4〉에서 볼 때 1970년대 초에 방어적 전략의 단계에 진입한 것으로 나타나고 있으나 그 후 1980년 초부터는 급격히 반전되어 놀랍게도 Tisdell의 이론에 따르면 모방적 전략의 단계로 돌아가는 것처럼 나타난다. 1970년대까지는 미국이라는 확실한 기술선도국이 존재하고 일본이 필요로 하는 기술은 약간 뒤진 기술이며 일본의 기술수준도 상당한 수준에 도달하고 또 미국의 기술에 대한 보호주의적 성향도 별로 없어서 일본은 기술도입의 통계에 계산되지 않고도 여러 경로로 필요한 기술정보를 획득하고 여기에 자체적인 기술개발노력을 가미하여 필요한 기술을 개발할 수 있었다.

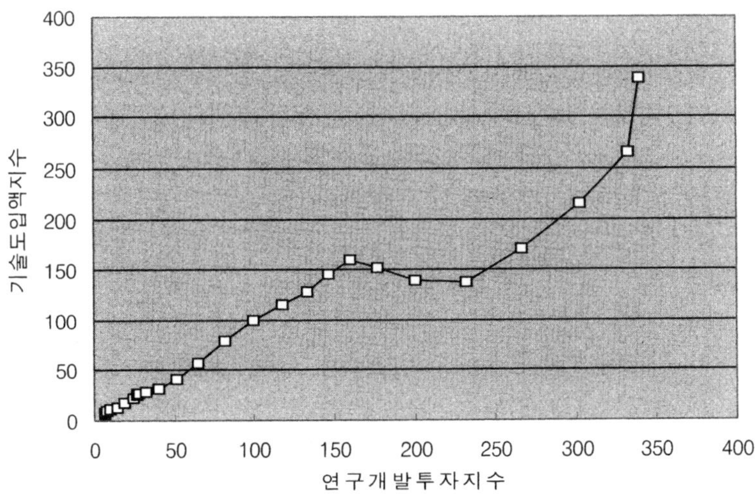

〈그림 2〉 한국의 자체기술개발투자와 기술도입액의 관계

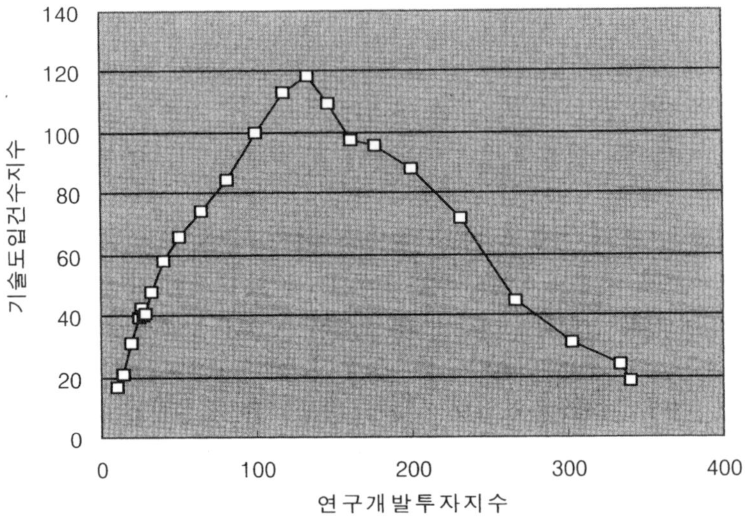

〈그림 3〉 한국의 자체기술개발투자와 기술도입건수의 관계

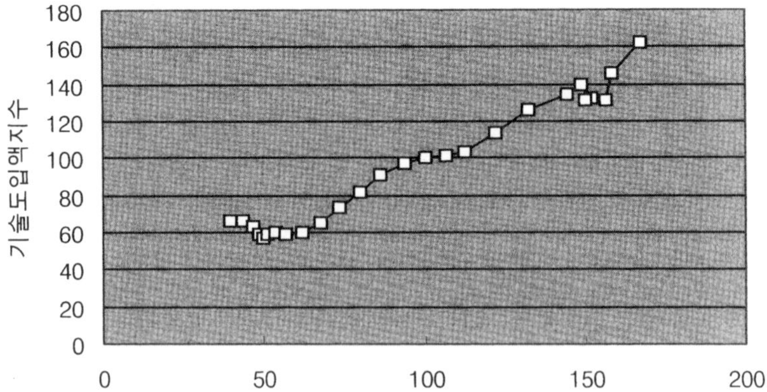

〈그림 4〉 일본의 연구개발투자와 기술도입액의 관계

그러나 1980년대에 이르러서는 미국과 일본의 기술상의 격차는 거의 없게 되고 1980년대 후반에는 일본이 기술적으로 우위를 갖는 분야도 여럿 생겨나게 되어서 기술보호주의 경향이 두드러지게 되어서 이제는 기술사용료를 내지 않고는 어떠한 외국의 첨단기술도 도입할 수 없게 되었다. 게다가 개발해야할 기술이 점점 더 복잡하게 됨으로 해서 이제 어떤 기업도 모든 것을 혼자 개발할 수 없게 되어서 통계에 잡히는 기술도입의 규모가 증가하지 않을 수 없게 되었다. 절대적 강자없이 미국, 일본 그리고 EC가 기술적 주도권을 놓고 치열한 경쟁을 벌이는 현 상황에서 경쟁기업의 제품보다 질적으로도 우월하고 동시에 소비자가 원하는 제품을 개발하기 위해서는 각 기업은 자신의 특허뿐만 아니라 다른 기업소유의 특허기술에도 크게 의존하여야 하므로 1980년대 초부터 일본의 기술도입과 자체기술개발비용이 동시에 크게 증가하는 현상은 당연할 수밖에 없다.

자료가 없어 분석하지 못하였으나 일본의 경우에도 기술도입액 대신 기술도입건수를 사용하면 방어적 단계에 진입한 모습을 확실히 볼 수 있을 것으로 생각된다. 기술도입액을 사용한 분석에서 일본이 한국보다 좀더 일찍 좀더 자주 방어적 단계에 진입한 것으로 나타나고 있으므로 우리는 일본이 한국보다 상당히 앞서 방어적 단계에 진입한 것으로 결론지을 수 있다.

(2) 기술의존도를 이용한 분석

위의 분석의 기초가 되는 〈그림 1〉과 관련하여 주의하여야 할 점은 이 그림이 전체를 보여주거나 절대적인 위치를 보여주지 못하고 다만 국부적이며 상대적인 변화만을 보여주고 있다는 점이다. 따라서 각 나라의 기술혁신전략상의 단계를 구분하려면 이 그래프에 더하여 절대적 위치의 비교가 있어야 할 것이다. 이가종(1990)의 방식을 따라서 우리도 두 나라의 기술의존도의 차이를 비교함으로 해서 이러한 문제를 보완하고자 한다.

기술의존도는 다음과 같이 정의되며 이 정의에 따른 한국과 일본의 기술의존도의 변화추이는 〈그림 5〉와 〈그림 6〉에 나타나 있다: 기술의존도 = 100 × 기술도입액/연구개발비.

〈그림 5〉와 〈그림 6〉은 두 나라의 기술의존도가 판이하게 다르며 아직도 서로 겹치지 않고 있음을 매우 잘 보여주고 있다. 따라서 절대적 수준의 측면에서 비교했을 때, 우리는 상대적 변화의 관점에서 비교했을 때에 비해 훨씬 더 명확한 결론에 도달할 수 있다.

일본은 1970년 13.04%이었던 기술의존도가 주기적으로 변동은 있으나 추세적으로 계속 감소하여 1997년에는 7.38%에 도달하였다. 그 반면 한국은 대략 20%를 중심으로 변동하고 있으며 추세적 감소의 정도는 일본보다 훨씬 약하다. 한국과 일본의 기술의존도는 그 수치가 거의 겹치지 않을 정도로 그 격차가 매우 심한 것으로 나타나고 있다. 기술의존도로 보면 한국은 일본의 1970년도의 수준에도 미치지 못할 정도로 일본에 뒤떨어져 있다. 결국 기술의존도 자료에 의한 분석에 의하면 일본은 방어적 단계에 확실히 진입한 상태이며 한국은 아직도 모방적 단계의 말기에 머물러 있는 상태임을 확실히 알 수 있다.

〈그림 2〉와 〈그림 4〉를 이용한 국부적, 상대적 분석과 기술의존도 자료에 의한 절대적 수준의 분석을 종합하면 우리는 일본은 방어적 단계에 확실히 진입한 반면 한국은 아직도 모방적 전략의 말기단계에 머물러 있다고 결론지을 수 있다.

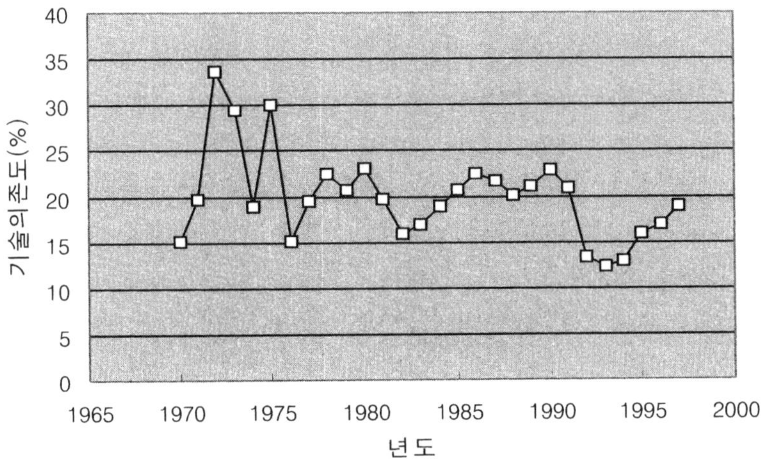

〈그림 5〉 한국의 기술의존도

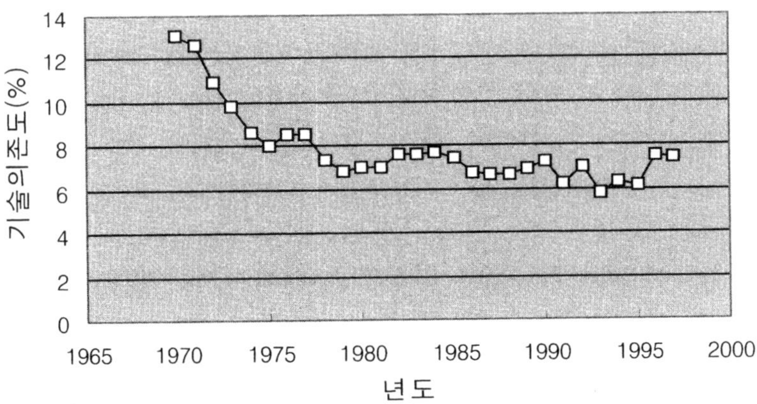

〈그림 6〉 일본의 기술의존도

6. 기술혁신과 고용

기술혁신과 고용의 관계는 매우 복잡하다. 기술혁신은 그 종류에 따라 고용에 양의 영향을 미칠 수도 있고 음의 영향을 미칠 수도 있으며, 미시적 수준의 영향과 거시적 수준의 영향이 서로 다를 수 있으며, 고용에 미치는 영향의 강도도 상당히 달라질 수 있다. 과정혁신은 생산성을 증대시켜서 산출량수준이 일정하다면 고용을 감소시키게 된다. 반면에 제품혁신은 완전히 새로운 제품을 만들어내어 새로운 수요를 창출하거나 기존제품의 품질을 향상시켜 수요를 증가시키게 되며 그 결과 제품혁신을 이룩한 기업의 제품생산 및 고용을 증대시킨다. 그러나 제품혁신은 동시에 새로운 제품에 의해서 대체되는 제품을 생산하는 기업 및 산업의 생산과 고용을 감소시키며, 품질이 향상된 제품에 의해 대체되는 기존제품을 생산하는 기업의 생산과 고용도 감소시킨다. 위의 두 힘 중에서 어느 쪽이 더 크냐에 따라 제품혁신은 경제전체의 고용을 증가시킬 수도 있고 감소시킬 수도 있다. 결국 미시적으로 한 기업이나 산업만을 놓고 보면 제품혁신이 고용에 미치는 효과는 명확하지만 거시적으로 보면 그 효과는 불분명하다.

이 장에서는 기술혁신이 고용에 미치는 영향을 미시적 수준과 거시적 수준에서의 영향으로 나누어 다루어 보고자 한다. 미시적 수준에서는 과정혁신에 초점을 맞추어 자동화로봇의 도입이 고용에 미치는 영향을 분석할 것이며 거시적 수준에서는 슘페터의 장기파동이론을 중심으로 기술혁신의 고용에 대한 영향을 분석하고자 한다.

(1) 기술혁신과 고용: 공장수준에서의 미시적 분석[39)]

우리는 우선 자동화로봇의 도입이 고용에 미치는 영향을 자동차공

39) The Economist(1988)에 실린 기사 "Factory Automation: Living With Smart Machine"의 내용중 일부를 요약, 정리하였음.

장의 예를 들어 분석하고자 한다. 자동차공장에 처음 도입된 로봇(1세대 로봇)은 한 두 가지의 일만을 수행하는 아주 단순한 로봇이었으며 그 후에 여러 가지 다양한 일을 수행할 수 있는 정교한 로봇(2세대 로봇)이 도입되는데 세대별로 로봇이 고용에 미치는 영향은 상당히 차이가 있게 된다.

1세대 로봇은 1970년대 중반에 도입되었는데 설치후에 이동없이 한 자리에 고정되어 나사조이기나 용접과 같은 한 두 가지의 단순한 일만을 반복적으로 수행하였다. 생산과정의 변화없이 노동자의 단순노동작업을 크게 대체할 수 있어서 단순 비숙련노동을 크게 감소시킬 수 있는 반면 로봇과 관련된 새로운 고급일자리는 별로 창출하지 못하여 전체적으로 고용을 크게 감소시켰다. 또한 움직일 수 없는 고정된 로봇이어서 설치된 생산라인에서 한 종류의 차의 생산에만 사용될 수 있었다.[40] 1세대 로봇에 의한 자동화는 생산과정의 일부만을 자동화하여서 부분자동화 또는 반자동화라고 할 수 있다.

2세대 로봇은 1980년대 중반에 자동차공장에 도입되었는데 한 생산라인상에서 다양한 종류의 차를 생산할 때 차의 종류에 따라 컴퓨터의 지시에 의해 이동하면서 다양한 작업을 수행하였다. 2세대 로봇은 단순노동을 대체하여 단순노동의 고용을 감소시켰지만 그와 동시에 컴퓨터 유지보수와 컴퓨터 작동과 관련하여 많은 새로운 고급일자리를 창출하였다. 그 결과 전체적인 고용을 크게 감소시키지 않고 소

40) 이 로봇은 한 생산라인에서 여러 가지 종류의 차를 바꿔가며 생산하는 경우에는 사용될 수 없다. 그러나 다행히도 이 시기는 소품종 대량생산의 시기로 한 종류의 차를 효율적으로 저렴하게 생산하는 것이 중요한 시기이며 한 생산라인이 한 종류의 자동차의 생산에 고정되는 경우가 많은 시기여서 고정되어 이동할 수 없는 로봇의 단점이 크게 부각되지 않는 시기라고 볼 수 있다. 따라서 이 시기에는 단순한 1세대 로봇이 별다른 문제없이 도입되고 사용되었다.
그 후 지속적인 소득의 증가로 소비자의 수요가 분화되기 시작하고 소비자들이 개성있는 차별화된 제품을 선호하기 시작하였으며 이들의 수요를 만족시키는 것이 중요한 문제로 대두되기 시작하였다. 다양한 수요를 충족시키고 생산비용을 절감하여 경쟁력을 확보하기 위해 기업들은 한 생산라인에서 여러 종류의 차를 생산하게 되었으며 이를 위해 1세대 로봇보다 더 복잡한 기능을 수행하며 이동이 가능한 2세대 로봇이 사용되게 되었다.

폭 감소시켰으며 비숙련 단순노동을 감소시켰으나 숙련노동을 상당히 증가시켜서 고용의 질을 증가시키게 되었다. 또한 생산과정에 도입된 로봇이 생산되는 차종에 따라 수행하는 일이 상당히 바뀌게 되는데 이 변화를 노동자들이 정확히 이해하고 정확히 반응하여야 다양한 차종의 생산이 가능할 수 있었다. 이를 위해 노동자들에 대한 교육이 크게 강화되어졌으며 교육과 훈련을 통해 노동자들의 숙련도가 향상되어 해고되지 않고 남아있는 비숙련노동자들도 숙련노동자로 바뀌게 되었다.41) 이처럼 2세대로봇은 고용을 일부 감소시키지만 고용의 질을 크게 향상시키게 되었다. 2세대 로봇에 의한 자동화는 생산과정의 거의 대부분이 기계와 로봇에 의해 수행되고 있어서 완전자동화라고 말할 수 있다.

FIAT 공장에 대한 다음의 자료는 1세대 로봇과 2세대 로봇이 고용에 미치는 영향의 차이를 잘 뒷받침해 준다. 로봇의 도입이 없었던 1965년의 전통적 생산과정하에서 FIAT 공장의 작업내용별 노동자의 비율은 근육노동 75%, 유지보수 12%, 품질관리 5%, 기계설비 교체 3%, 사업계획 5% 이었다.

1세대 로봇이 도입된 1979년의 반자동화상태에서는 이 비율이 근육노동 30%, 유지보수 53%, 품질관리 4%, 기계설비 교체 8%, 사업계획 5%로 바뀌었다. 반자동화단계에서는 전통적 단계에 비해 새로운 직무영역이 생겨난 것이 없으며 다만 근육노동(단순 비숙련노동)의 비율이 크게 감소하고 유지보수를 담당하는 노동자의 비율이 크게 증가하였다. 반자동화단계에서는 유지보수를 해야 할 대상이 기계에서 기계+로봇으로 확대되어서 유지보수를 담당하는 노동자의 비율이 높아질 수밖에 없었다. 또한 노동자의 전체규모는 1965년을 100으로 하였을 때 50으로 50%나 크게 하락하였다. 이러한 비율의 변화는 우리의 설명과 일치하는바 비숙련노동이 로봇에 의해 대체되

41) 1980년대 말에 세계에서 가장 자동화된 자동차공장이었던 피아트의 카지노공장에서는 노동자들은 적어도 200일이나 되는 많은 교육, 훈련을 받았다.

어 비숙련노동이 크게 감소하고 유지보수담당 노동자가 일부 증가하기는 하나 그 증가가 미미하여 전체적으로 고용된 노동자의 수가 크게 감소하고 있다.

2세대 로봇이 도입된 1985년의 완전자동화상태에서는 1979년에 비해 직무내용별 노동자의 비율은 크게 달라지게 된다. 직무내용별 노동자의 비율은 근육노동 34%, 유지 보수 8%, 품질관리 8%, 기계설비 교체 8%, 컴퓨터 유지보수 31%, 컴퓨터 작동 8%, 사업계획 3%로 1979년에는 존재하지 않았던 컴퓨터 유지보수, 컴퓨터 작동과 같은 전혀 새로운 직무영역이 생겨나게 되었다. 근육노동의 비율에는 별다른 변화가 없으나, 전통적 기계+로봇의 유지보수의 비율은 크게 감소하고 새로운 직군인 컴퓨터 관련 직군의 비율이 40%에 가까울 정도로 크게 나타나고 있다. 노동자 전체의 규모는 1965년을 100으로 할 때 40으로 1979년에 비해서는 20% 정도만 하락하였다.

결국 2세대 로봇의 도입은 고용을 감소시켰으나 우려했던 것보다는 훨씬 더 적게 고용을 감소시키고 있다. 2세대 로봇의 도입은 비숙련노동의 고용은 크게 감소시켰으나 컴퓨터와 관련된 새로운 직종의 창출을 통해 숙련노동의 고용을 상당히 많이 증가시켜서 노동의 총고용(숙련노동 + 비숙련노동)은 소폭 감소시키고 있다.[42)]

---

42) 1세대 로봇과 2세대 로봇은 고용에 미치는 영향이 다를 뿐 아니라 생산성의 향상을 위해 필요한 노동자의 숙련도의 수준도 큰 차이가 있다. 1세대 로봇은 생산라인상에서 1-2가지의 단순작업만을 대체하게 되어서 생산라인상의 다른 작업에 전혀 영향을 미치지 않는다. 대체되는 단순작업을 제외한 다른 작업들을 하는 노동자들은 기존의 방식대로 생산작업을 계속 수행하면 되며 로봇에 대해 전혀 신경 쓸 필요가 없게 된다. 따라서 노동자들이 로봇에 대한 지식을 쌓고 로봇과 관련된 작업에 관하여 공부하여야 할 필요성은 거의 없다. 결국 노동자들은 추가적인 교육, 훈련 등을 받을 필요가 없으며 비숙련노동자들은 여전히 비숙련노동자로 남아있게 되어 노동자들의 숙련도에는 별다른 변화가 없게 된다. 1세대 로봇의 도입으로 로봇이 수행하는 작업의 생산성은 크게 증가하게 되며 그 결과로 다른 작업을 수행하는 노동의 질이 향상되지 않더라도 전체적으로도 생산성이 상당히 증가하게 된다. 다시 말해서 1세대로봇의 도입은 노동의 질의 향상이 수반되지 않더라도 생산성을 증대시킬 수 있다. 이 경우에는 생산성의 증대를 위해서 가장 중요하고 필요한 것은 로봇의 도입이다. 그 반면에 2세대 로봇은 생산라인상의 여러 가지 작업을 대체하며 여러 가지

(2) 기술혁신과 고용: 슘페터의 장기파동이론[43)]

경기변동은 변동주기의 길이에 따라 소순환, 주순환, 장기파동으로 나누어진다.[44)] 그 중에서 엄청난 크기의 파동인 장기파동의 원인으로는 전쟁, 식량부족, 금의 생산량 증감, 기술혁신 등 다양한 요인들이 주장되고 있다.

슘페터는 그 중에서 기술혁신이 장기파동의 가장 중요한 원인이라고 주장하고 있다. 본 절은 슘페터의 장기파동이론에 초점을 맞추어 기술혁신과 고용의 거시적 관계를 설명해 보고자 한다.

재화의 생산에 관여하게 된다. 따라서 2세대 로봇의 작업은 주변의 노동자들이 수행해야 할 작업과 서로 연계되어 변화하게 된다. 이러한 연계성 때문에 노동자들은 로봇과 관련된 다양한 추가적 정보를 습득해야할 필요성이 커진다. 노동자들은 로봇이 어느 한 종류의 재화의 생산에 참여할 때에는 어떤 종류의 작업을 수행하며 그 때에 자신은 그와 연계하여 어느 작업을 수행해야 할지를 확실히 이해하고 그에 따라 신속히 이동해야만 생산작업이 중단없이 잘 진행될 수 있다. 이를 위해 노동자들은 많은 시간을 교육과 훈련에 투자하여야 하며 이 과정을 거치면서 노동자들은 비숙련노동자에서 숙련노동자로 변화하게 된다. 결국 2세대 로봇의 도입으로 전체적인 생산성이 증대되기 위해서는 첨단로봇의 도입과 함께 노동자의 숙련도가 크게 향상되어야만 한다. 만약 첨단 로봇만 도입하고 노동자의 로봇에 대한 이해도와 숙련도가 향상되지 않는다면 로봇은 자주 고장나게 되고 노동자들은 필요한 작업을 수행할 수 있는 장소로 필요한 시점에 이동하지 못하게 되어 생산작업이 중단되는 사태가 자주 발생하게 될 것이며 생산성은 도리어 감소할 수도 있게 된다. 다시 말해서 2세대 로봇의 도입은 이와 함께 노동의 질이 충분히 향상되지 않고는 생산성을 증대시킬 수 없게 된다. 이 경우에는 생산성의 증대를 위해 가장 필요한 것은 로봇의 도입이 아니라 로봇을 이해하고 로봇의 작업과 관련한 자신의 작업의 변화를 잘 이해하고 그에 따라 작업을 수행할 수 있게 해주는 노동자의 숙련도의 향상인 것이다.

43) 본 절은 Freeman(1982), pp. 207-220 내용 중 일부를 요약, 정리하고 보완하였음.

44) 소순환(Minor cycle)은 Kitchin cycles 이라고도 하며 그 길이는 약 40개월이고 원인은 재고투자의 변동이다. 주순환(Major cycle)은 Juglar cycles 이라고도 하며 길이는 최단 6년, 최장 13년, 평균 10년이며 원인은 설비투자의 변동이다. 장기파동은 Kondratieff cycle 이라고도 하며 길이는 매우 길어서 최단 40년, 최장 70년, 평균 50년이며 그 원인은 전쟁, 식량부족, 금의 생산량 증감, 기술혁신 등이다.

(i) 슘페터의 장기파동이론

슘페터의 장기파동이론에서 장기파동의 과정은 다음과 같이 5단계로 진행된다.

첫 단계에서는 초과이윤을 노리는 몇몇 탁월한 기업가에 의한 기술혁신이 이루어지게 된다. 기술혁신은 극심한 불경기에 직면한 기업가들의 노력에 의해서 이루어진다.45) 극심한 불경기하에서는 기업가들의 사업들이 거의 대부분 어려움에 직면하여 기업들은 많은 손해를 보고 있으며 앞으로의 전망도 매우 좋지 않은 상태이다. 기업가들은 무엇인가 새로운 돌파구를 찾기 위해 머리를 싸매고 고민하게 되며, 새로운 기술과 새로운 제품을 통해 이 어려움을 극복하려는 다양한 시도가 있게 된다. 그 결과로 기술혁신이 활발하게 이루어지게 된다.46)

---

45) Gerhard Mensch는 '기존의 기술이 성숙기에 도달하게 되면 경제는 침체기(불경기)에 들어서게 되는데 이러한 침체된 상황(교착상태)이 새로운 기술혁신을 위한 사육장의 역할을 한다.'고 강조하고 있다. Mensch의 주장은 매우 설득력있는 주장이다. 경기가 좋을 때에는 사업이 잘 되어서 기업은 큰 이윤을 보게 되며 앞으로의 전망도 상당히 좋은 상태이다. 이러한 상황에서 기업가가 잘 나가는 사업을 중단하고 새로운 사업에 뛰어들 가능성은 별로 없으며 따라서 기술혁신을 통해 새로운 제품을 개발할 필요성도 별로 없게 되며 기술혁신은 감소하게 된다. 그 반면에 경기가 아주 나쁠 때에는 기업은 현재의 사업으로부터 거의 대부분 손해를 보게 되며 가만히 있으면 망할 것이라는 비관적 전망을 하게 된다. 기업가는 가만히 있을 수 없으며 무엇인가 새로운 사업을 시작해야할 필요성이 매우 커지게 되며 따라서 기술혁신을 통해 새로운 제품을 개발하여 새로운 시장에 진입하여 어려움을 극복하고자 할 것이다. 기술혁신을 위해 엄청나게 노력할 것이고 그 결과 많은 새로운 기술이 개발되게 되며 그 기술들을 이용하여 새로운 제품이 시장에 나오게 된다.
불경기에는 항상 이러한 기술혁신을 위한 노력이 크게 강화될 것이며 획기적인 신제품이 시장에 나오게 되고 그 산업의 성장을 통해 불경기가 극복되어 새로운 호경기가 시작되게 된다. 이러한 과정의 반복을 통해 장기파동이 계속 이어지게 된다.

46) 기술혁신이 장기파동을 설명해 주기 위해서는 기술혁신을 통해 이루어진 새로운 제품이나 새로운 산업이 경제에 미치는 파급효과가 매우 커야 한다. 따라서 불경기시에 발생하는 기술혁신은 인류의 생활 전반에 큰 영향을 주는 획기적인 기술혁신이거나 아니면 동시다발적으로 발생하는 소규모 기술혁신의 집단이어야 할 것이다. 획기적인 기술혁신의 예로는 증기기관, 자동차, 컴퓨터의 새로운

두 번째 단계에서는 위의 기술혁신이 성공적인 것으로 판명되면 다른 많은 기업들이 이윤의 일부를 획득하기 위해 이 기술혁신을 모방하거나 사소한 개선을 이루어 시장에 진입하게 된다.[47] 그 결과로 많은 새로운 투자가 이루어지게 되며 생산도 많이 이루어지게 되어 경기는 급속히 좋아지게 된다.

세 번째 단계에서 생산은 크게 증가하여 호경기에 도달하게 된다. 네 번째 단계에서는 이미 진입한 기업들이 많은 이익을 얻고 있음을 확인한 기업들이 추가적으로 많이 시장에 진입하게 되어 치열한 경쟁이 이루어지고 이윤의 크기는 점차 줄어들게 된다. 마지막 다섯 번째 단계에서는 과다경쟁에 의해 많은 기업이 손해를 보고 도산하게 되어 다시 불경기상태로 돌아가게 된다.

장기파동의 한 주기는 이처럼 5단계의 과정을 거쳐 완성되며 시장은 다시 불경기상태로 돌아오는데 슘페터에 의하면 이 단계에서 또 다른 새로운 기술혁신이 시작되어 새로운 파동이 시작될 준비작업이 다시 시작되게 된다.

(ii) 기술혁신과 고용

2차 세계대전 후의 세계경제는 장기간의 호경기를 경험하였다. 신슘페터학파에 의하면 이러한 호경기는 몇 개의 중요한 기술혁신과 연관산업(전자, 석유화학, 제약, 자동차등)의 동시적인 폭발적 성장 때문에 발생하였다.[48]

출현을 들 수 있다.

47) 기술혁신이 성공적인 것으로 판명되기 위해서는 첫째, 이 기술혁신이 동일한 제품의 생산을 위해 경쟁하는 다른 기술과의 경쟁에서 이겨서 표준기술이 되어야 하며, 둘째, 이 기술혁신을 통해 생산되는 신제품에 대하여 충분히 많은 수요가 있음이 확인되어야 한다. 이러한 두 가지 요인이 충족되지 않는 상태에서는 새로운 기업들이 시장에 진입하기를 주저하게 되어 투자와 생산은 아주 조금씩만 증가할 뿐이다. 그러나 위의 두 가지 요인이 충족되는 순간 진입시점을 저울질하던 기업들은 잠재력이 큰 새로운 시장의 일부를 선점하기 위해 앞 다투어 시장에 진입하게 되어서 투자와 생산은 크게 증가하게 된다.

48) 신슘페터학파가 기술혁신의 역할을 강조한 것과는 달리 케인즈학파는 2차 세계

일반적으로 이러한 새로운 기술혁신으로 슘페터의 장기파동이 시작되며 기술의 전파와 확산을 통해 연관산업이 폭발적으로 성장하게 되어 호경기가 상당기간 지속되게 된다. 지속적 호황과 완전고용은 노동자의 교섭상의 지위를 강화시켜서 호경기의 국면에서는 임금은 지속적으로 상승하게 된다. 그러나 산업의 성장이 한계에 도달하는 침체기, 불경기에는 노동자의 교섭력이 크게 약화되어 임금은 상승하지 못하며 부분적으로 하락하기도 한다.

기술혁신에 의해 시작된 장기파동은 단계별로 고용에도 상이한 영향을 미치게 된다. 장기호황의 초기에는 많은 새로운 기업들이 시장에 진입하게 된다. 이 시기에 기업들은 신속한 진입을 통해 시장점유율을 크게 얻는 것을 가장 중요시하게 되며 따라서 새로운 생산시설의 급속한 확장을 위해 많은 투자를 하게 된다.[49] 이 과정에서 자본

대전후의 호경기는 총수요의 증가 특히 민간소비의 증가와 정부지출의 증가때문이라고 주장하고 있다. 케인즈학파는 소비는 소득과 부의 함수인데, 2차 세계대전 당시에 정부가 발행한 공채를 개인들이 사게 되어 개인들의 부가 증가하게 되고 그 결과 2차 대전 후에는 추가적 저축의 필요성이 감소하여 소비가 증가하게 되었다고 주장하였다. 케인즈학파는 또한 2차 세계대전 후에 전후 복구작업 등의 필요로 정부지출도 증가하여 전체적으로 총수요가 증가하고 그 결과 생산도 따라서 증가하여 경제적인 호경기가 도래하였다고 주장하였다.

역사적 경험을 통해 보면 2차 세계대전 후에는 신슘페터학파의 주장처럼 여러가지 중요한 새로운 기술이 출현하여 새로운 기술과 관련된 산업들이 크게 발전하였다. 동시에 다양한 연구의 결과 2차 대전 후에 호경기가 나타난 것은 정부지출의 증가때문이 아니라 민간투자의 증가때문이었음이 확인되었다. 재정정책은 정책집행시차 때문에 호경기가 시작된 후에야 집행되어져서 불경기를 호경기로 바꾸는 역할은 별로 하지 못하고 경기변동폭을 확대하는 부작용이 더 크게 나타나게 된다. 따라서 우리는 호경기의 원인에 대한 두 학파의 설명중에서 신슘페터학파의 설명이 더 정확하고 설득력이 있다고 결론지을 수 있다.

49) 새로운 기업들의 급속한 진입이 이루어지는 이 단계는 새로운 기술이 급속히 전파되고 확산되는 과정으로 새로운 기술을 전수받아 시장에 진입하는 기업들은 자신의 시장점유율을 높이고자 열심히 노력하게 된다. 새로 진입하는 기업들은 자신의 제품을 차별화하여 소비자들을 만족시켰고 경쟁기업 제품에 대한 경쟁력을 확보하기 위해 많은 사소한 기술혁신을 하게 된다.

장기파동의 초기에는 기술은 소수의 기업만이 생산할 수 있는 첨단기술이지만 기술의 전파가 활발히 이루어지면 기술은 많은 기업이 생산할 수 있게 되어 그 기술의 첨단성은 떨어지게 된다. 그러나 기술이 경제에 미치는 영향은 기술의

재에 대한 수요가 크게 증가하여 연관된 자본재산업도 빠른 속도로 성장하게 된다. 새로운 기업의 시장진입으로 노동에 대한 수요가 증가하고, 또 이들의 새로운 기계설비에 대한 수요의 증대로 자본재산업의 노동에 대한 수요가 추가로 증가하여 고용은 크게 증가하게 된다.

호경기가 지나가고 새로운 산업과 기술이 성숙되어지면 수요 및 생산의 증가속도는 크게 둔화되고 제품의 사소한 품질혁신의 가능성도 사라지게 된다. 산업내 기업들이 생산하는 제품의 품질은 아주 비슷해지고 가격경쟁력의 중요성이 커지게 된다.50) 따라서 생산시설은 표준화되고 규모의 경제가 중요해지며 생산과정상의 기술혁신이 주류를 이루게 된다. 재화생산의 효율성이 크게 증대되어 추가적으로 고용을 창출하는 효과는 사라지고 고용은 점차 줄어들게 된다.

수요가 정체된 상태에서 과다하게 진입한 기업들 간의 치열한 가격경쟁이 전개되고 많은 손해를 보고 도산하는 기업들이 늘어나게 되어 불경기가 도래하게 되고 고용은 더 크게 감소하게 된다.

결국 기술혁신으로 인해 새로운 산업이 급격히 성장하는 호경기에

전파과정에서 훨씬 더 크게 된다. 장기파동의 초기에는 생산가능기업도 소수이고 수요의 개발도 덜된 상태여서 생산 및 투자와 고용의 규모는 작은 상태이다. 기술의 전파과정을 통해 제품의 생산가능기업의 수도 크게 증가하고 수요도 크게 증가하게 되어 제품의 생산 및 투자와 고용의 규모는 초기에 비해 매우 크게 증가하게 된다. 따라서 경제전반적인 투자와 고용의 증대 측면에서 보면 신기술의 개발보다도 기술전파가 더 중요한 영향을 미친다고 하겠다.

50) 품질혁신의 가능성이 거의 없어지고 경쟁기업들의 제품간의 품질격차가 거의 없어지게 되었을 때 기업들은 기술혁신경쟁과는 다른 방식으로 추가적인 차별화를 위한 경쟁을 강화하게 된다. 이것이 디자인에 의한 차별화경쟁인데 이를 통해 명품 브랜드를 만들어내는 기업은 다른 기업에 비해 비싼 가격에 자신의 제품을 판매할 수 있게 되어서 지속적으로 높은 이윤을 얻을 수 있게 된다. 따라서 산업의 발전단계상 품질혁신의 가능성이 사라지는 중기이후에는 기업의 차별화경쟁은 주로 디자인에 의해서 이루어지며 디자인의 고급화를 통한 경쟁의 중요성은 점점 더 커지게 된다. 이노디자인 김영세대표가 주장하는 디자인 우선주의는 이러한 측면을 강조하고 있는 것이다.
디자인경쟁은 기업 간의 경쟁이 즉각 가격경쟁으로 바뀌는 것을 막아서 상당기간동안 기업들이 큰 초과이윤을 얻을 수 있게 한다. 디자인경쟁이 끝나고 나면 경쟁기업간의 경쟁은 주로 가격에 의한 경쟁이 되며 격렬한 경쟁에 의해 기업들의 이윤은 급속히 감소하게 된다.

는 고용이 크게 증가하게 되지만 새로운 산업의 성장이 한계에 도달하는 침체기, 불경기에는 고용이 감소하게 된다.[51][52]

---

51) 기술혁신에 의해 새롭게 형성되어 성장하는 산업은 노동자의 고용을 크게 늘리지만 새로운 기술에 의해 대체되는 산업이나 이미 성숙단계에 도달한 후 쇠퇴기에 들어선 산업은 노동자의 고용을 감소시킨다. 장기파동을 시작하는 기술혁신은 획기적인 기술혁신이어서 완전히 새로운 제품을 생산하거나, 사소한 기술혁신이라 하더라도 동시에 많은 기술혁신이 이루어져서 수요유발효과와 고용증대효과가 매우 크게 나타난다. 장기파동을 가져오는 기술혁신의 고용증대효과는 새로운 기술에 의해 대체되는 산업과 쇠퇴기에 접어든 산업의 고용감소효과를 압도하여 경제 전체적으로 고용이 많이 증가하게 된다. 따라서 기술혁신에 의해 형성된 새로운 산업이 급속히 성장하는 장기파동상의 호경기에는 고용은 크게 증가하게 된다.
그 반면에 장기파동상의 침체기에는 새로운 기술혁신도, 그 기술혁신에 의해 새롭게 형성되는 성장산업도 존재하지 않아서 고용을 유발하는 새로운 산업이 거의 없는 상태이며 장기파동의 초기에 존재하던 신성장산업도 이제는 쇠퇴기에 진입하여 고용을 감소시키게 된다. 따라서 장기파동상 침체기에는 경제 전체적으로 고용이 감소하게 된다.

52) 슘페터의 세계에서는 경제발전의 원동력은 수요측면(수요유발적 투자 또는 승수효과)에 있는 것이 아니라 공급측면 즉 기술혁신에 의한 생산성의 증대와 새로운 제품의 생산으로부터 온다. 기술혁신에 의한 새로운 제품의 출현은 시장에 불균형을 가져온다. 새로운 제품에 의해 형성된 신산업은 산업발전의 단계상 초기단계에 있으며 이 제품을 생산할 수 있는 기술을 가진 기업이 소수여서 수요가 충분하다면 제품을 생산하는 기업은 상당기간 큰 초과이윤을 얻게 된다. 이에 반해 기존의 산업들은 이미 성숙단계에 도달하여서 많은 기업이 시장에 진입하여 치열한 경쟁을 벌이고 있으며 그 결과 기업들은 별다른 초과이윤을 얻지 못하게 된다.
기술혁신에 의해 형성된 신산업의 초과이윤이 기존산업의 초과이윤보다 훨씬 커서 신산업은 기업가들에게 큰 이익을 줄 수 있는 훨씬 더 매력적인 시장으로 비춰지게 된다. 기업가들은 기존산업을 떠나 신산업으로 옮겨가게 되며 그 과정에서 국민경제의 한정된 자원이 성장성이 낮은 기존산업에서 성장성이 높은 신산업으로 이동하게 된다. 자원이 빠른 속도로 성장하는 신산업에 집중 투자됨으로 해서 경제의 성장속도가 빨라지게 된다. 결국 경제성장은 성장이 한계에 도달한 시기에 새로운 기술혁신이 이루어지고 신기술에 의해 형성된 신산업으로 자원이 집중 투자되며 이 신산업이 급격히 성장함에 의해 계속 유지될 수 있는 것이다.

7. 생산방식의 혁신

중세시대에는 교통도 발달되지 않아서 어떤 한 제품에 대한 시장은 소규모의 지역시장으로 시장의 규모가 매우 작았다. 동시에 사람들의 소득도 높지 않아서 사람들의 구매력 즉 재화에 대한 수요의 크기도 매우 작았다. 따라서 이 시대에는 재화를 대량생산할 필요는 전혀 없었으며 소규모 가내수공업에 의한 소량생산으로 수요를 충분히 만족시킬 수 있었다.

그러나 시간이 경과함에 따라 소비자의 소득이 증가하고 교통도 발달하게 되어서 수요의 크기가 증가하고 시장의 규모도 크게 증가하게 되었다. 따라서 재화에 대한 수요가 크게 증가하게 되어서 소규모 가내수공업에 의한 소량생산으로는 이러한 수요의 증가를 만족시킬 수 없게 되었다.

소규모 가내수공업체제로는 이러한 급격한 수요의 증가에 대응할 수 있는 대량생산이 불가능하였으며 그에 따라 생산업자들이 대량생산이 가능한 새로운 생산체제를 수립하고자 많은 노력을 하게 되었다. 그 결과 생산방식의 혁신이 가능하였는데 이 새로운 생산방식이 바로 포드의 컨베이어-벨트 생산방식이다.

그러나 시간의 경과에 따라 소비자의 소득은 더욱 크게 증가하고 소비자의 수요는 점점 더 다변화하게 되는데 그 결과 소비자들은 다양한 종류의 차별화된 제품을 원하게 되고 컨베이어-벨트 생산방식도 이러한 다양화되고 차별화된 소비자들의 수요를 충족시킬 수 있는 다양한 재화를 생산하지 못하게 되어서 또 다른 새로운 생산방식이 필요로 되게 된다.

이처럼 시대가 변함에 따라 그에 맞는 생산방식은 하나의 형태로 고정된 것이 아니라 각 시대의 시장과 소비자들의 수요를 충족시킬 수 있도록 계속 변화하게 된다. 시대에 따라 생산방식의 혁신이 계속 이루어지고 있는데 이장에서는 이러한 생산방식의 변화과정을 상세히 다루고자 한다.[53)]

(1) 컨베이어-벨트 생산방식

중세시대의 생산방식인 소규모 가내수공업 생산방식(장인-도제 생산방식)은 소득의 증대와 시장의 확대에 따른 제품에 대한 수요증가를 더 이상 감당할 수 없게 되어 붕괴하게 되는데 그 뒤를 컨베이어-벨트 생산방식이 잇게 된다.

포드자동차의 창시자 헨리 포드가 개발한 컨베이어-벨트 방식은 수요의 급격한 증가에 발맞춰 제품의 생산과 공급을 급격히 증가시키기 위해 개발되었다. 이 당시 소득이 증가하였지만 절대소득수준은 별로 높지 않아서 소비자들은 제품의 디자인, 차별화를 중요시하는 단계에까지는 도달하지 않았으며 작동이 잘 되는 제품을 싸게 살 수 있다면 만족하는 상태였다.[54]

따라서 한 두 가지 제품을 대량으로 생산하여 저렴하게 공급할 수 있으면 좋은 상황이었다. 이러한 소품종 대량생산에 적합하게 개발된 것이 컨베이어-벨트 방식이다. 컨베이어-벨트 생산방식은 작업장에 컨베이어-벨트를 설치하여 노동자들은 고정된 자리를 지키게 하고 완성되지 않은 제품을 이동시켜서 노동자의 작업을 통해 완성된 제품을 생산하게 하는 방식이다. 이 방식은 생산라인에서 한 종류의 제품만

---

53) 생산방식은 크게 수공업시대의 장인-도제 생산방식, 미국의 컨베이어-벨트 생산방식(conveyer belt system) 그리고 일본의 팀워크 생산방식(teamwork system), 북유럽에서 시작된 셀 생산방식(cell system)의 4가지로 나눌 수 있다. 이하에서는 장인-도제 생산방식은 다루지 않고 나머지 3가지 방식만을 다루기로 하겠다.

54) 소비자들의 소득이 많지 않던 시대에는 소비자는 재화를 구매할 수 있는 실질 구매력이 낮아서 원하는 재화라 하더라도 가격이 비싸면 구매하지 못하는 경우가 많았다. 따라서 이 시대에는 소비자들이 원하지만 비싼 고급제품들은 유효수요(구매력을 수반한 수요)에는 포함되지 못하여 구매되지 못하고 이러한 제품을 생산하는 기업들은 판매가 매우 저조하여 결국 망하게 되는 것이다. 이런 시대에는 구매력이 별로 없는 소비자들은 잘 작동하면서 가격이 저렴한 재화에 완전히 만족하지는 않더라도 구매력의 범위 내에 있는 이 재화를 구매하게 되며, 이러한 저렴하고 잘 작동되는 재화를 생산해낼 수 있는 기업은 많은 재화를 판매하여 성공하게 된다.

을 계속 생산하게 하고 또 생산과정을 잘게 쪼개서 노동자들은 생산과정 중 한 두 가지만 반복하게 하여 반복생산을 통한 효율성 증대를 통해 대량생산을 가능케 하는 방식이다. 극도의 분업화를 통해 노동자들이 자신이 맡은 작업에 대한 효율성은 증대되겠으나 노동자가 전반적 생산과정에 대하여 전혀 이해할 수 없게 되고 그 결과 노동자가 기술혁신을 할 수 있는 가능성이 거의 없게 된다.

(2) 팀워크 생산방식

컨베이어-벨트 방식은 소비자의 소득이 많지 않던 시대에 적합한 생산방식이다. 소득이 적은 소비자들은 자신의 기호에 꼭 맞는 제품이라도 비싸면 구입할 수 없으며 자신의 기호에 별로 맞지 않는 제품이라도 가격이 싸고 작동이 잘 되면 구입하게 된다. 따라서 소비자의 소득이 많지 않던 시대에는 기업은 별다른 차별화 없이 한 종류의 재화를 대량으로 저렴하게 생산할 수 있으면 되는 것이다. 컨베이어-벨트 방식은 한 종류의 재화를 대량으로 저렴하게 생산할 수 있게 해주기 때문에 이 시대에 적합한 생산방식이라고 할 수 있다. 이런 시대에는 소비자들은 잘 작동하면서 가격이 저렴한 재화를 선호하게 되며 이러한 저렴하고 품질좋은 재화를 생산해낼 수 있는 기업이 성공할 수 있기 때문에 기업들은 생산방식으로 소품종 대량생산이 가능한 컨베이어-벨트 방식을 선택하여 사용하게 된다.[55]

---

55) 컨베이어-벨트 방식은 헨리 포드에 의해 발명되었다. 그러나 이 생산체제는 어느 날 갑자기 헨리 포드 혼자의 힘에 의해서 발명된 것은 아니다. 19세기말, 20세기 초에 재화에 대한 시장규모와 재화에 대한 수요의 크기가 계속 증가하고 재화에 대한 공급부족이 계속되는 상황속에서 기업가들은 수공업체제를 대체하여 대량생산을 가능하게 할 수 있는 생산방식을 만들어내야 할 필요성을 크게 느끼고 있었으며 새로운 생산방식을 찾기 위한 노력을 계속하였다. 이러한 노력들이 쌓여서 헨리 포드에 의한 생산방식의 혁신이 가능하였던 것이다. 따라서 헨리 포드가 새로운 생산방식의 개발에 크게 기여하고 새로운 생산방식의 완성을 이루어내었다는 것은 사실이지만 헨리 포드가 없었다면 컨베이어-벨트 방식의 발명은 불가능하였을 것이라고 말하는 것은 맞지 않는 말이다. 헨리

그러나 경제가 발전하여 소득이 크게 증가하게 되면 상황은 변화하게 된다. 소비자들의 소득이 많지 않은 상태에서는 소비자들은 컨베이어-벨트 방식하에서 생산되는 1-2개의 소품종의 재화에 만족하게 된다. 그러나 경제가 계속 발전하고 시간이 경과함에 따라 소비자들의 소득은 계속 증가하게 되는데 그 결과 소비자들은 더 이상 개성없는 값싼 제품에 만족할 수 없는 단계에 도달하게 되며 개별 소비자의 차별화된 수요를 만족시킬 수 있는 독특한 디자인과 품질, 기능면에서 차별화된 제품을 점점 더 선호하게 된다. 소비자는 이제 충분한 실질구매력을 갖게 되어서 자신이 원하는 욕구를 잘 만족시키는 재화라면 비싼 가격에라도 살 용의가 있게 되며 실제로 구매하게 된다. 이런 시기에는 소비자들은 자신의 욕구를 완벽히 잘 만족시키는 차별화된 재화를 선호하게 되며 이러한 차별화된 제품을 생산하는 기업만이 소비자들을 확실히 만족시켜서 제품을 많이 판매하고 큰 이윤을 보며 시장을 크게 장악할 수 있게 된다.

따라서 1-2가지의 동일한 재화만을 생산할 수 있는 컨베이어-벨트 방식에 대한 소비자들의 불만족은 계속 증가하게 되고 차별화된 다양한 제품들을 생산할 수 있는 새로운 생산방식을 만들어내야 할 필요성이 점점 더 커지게 된다. 기업가들도 컨베이어-벨트 생산방식이 차별화된 다양한 제품에 대한 소비자들의 욕구를 만족시킬 수 없다는 점을 확실히 인식하고 소비자들의 새로운 욕구를 충족시킬 수 있는 새로운 생산방식을 개발하기 위해 점점 더 노력의 강도를 높여가게 된다.

이러한 누적적 노력의 결과로 다품종 소량생산에 적합한 생산방식으로 개발된 것이 일본의 팀워크 생산방식이다. 팀워크 방식은 한 생산라인에서 여러 종류의 약간씩 차별화된 제품들을 번갈아 가면서 생산하게 된다. 이를 위해 팀워크 방식은 컨베이어-벨트 방식보다 생산과정을 좀더 통합하여 제품의 큰 부분들을 팀별로 생산하게 한 후 그

포드가 없었다면 컨베이어-벨트 방식의 발명에 더 많은 시간이 필요하였겠지만 결국은 그 후의 누군가에 의해 컨베이어-벨트 방식은 완성되었을 것이다.

것들을 조립하여 완제품을 만드는 방식을 취하고 있다. 노동자들은 소속된 팀에서 제품의 일부분을 생산하게 되며 그 과정에서 여러 가지 다양한 작업을 수행하고 또 일정 기간 후에는 수행하는 작업을 바꾸어서 다양한 경험을 쌓고 그 후 6개월 정도 후에는 다른 부분을 생산하는 팀으로 이동하여 전혀 새로운 생산작업을 다양하게 수행하게 된다. 이러한 과정을 통해 노동자들은 생산과정의 상당히 많은 부분들을 이해하게 되어 생산과정에 관한 사소한 혁신들은 충분히 가능하게 된다. 이와 함께 노동자들도 언제든지 자신의 새로운 아이디어를 경영진에게 전달할 수 있는 의사전달통로가 원활하게 작동되어서 자신의 혁신아이디어를 개진하고 채택되게 할 수 있게 된다. 팀워크 방식은 컨베이어-벨트 방식에 비해 다품종 소량생산에 유리할 뿐 아니라 노동자들의 사소한 기술혁신을 통한 생산성 증대에도 유리한 방식이다.

소비자의 소득이 높아질수록 소비자들의 수요는 다양화하고 소비자들은 자신의 기호에 딱 들어맞는 차별화된 맞춤형 제품을 선호하게 된다. 따라서 소비자의 소득이 높아질수록 소비자들의 욕구를 충족시키기 위해서는 다양한 종류의 제품이 공급될 수 있어야 한다. 이러한 상황이 시작될 때에는 컨베이어-벨트 방식과 팀워크 방식이 중심적 생산방식의 자리를 놓고 경쟁하지만 결국 팀워크 방식이 승리하게 된다. 소비자의 수요가 다양화되는 상황에서 컨베이어-벨트 방식은 한 종류의 재화만을 대량으로 생산하게 되는데 이는 수요와 공급의 불일치를 발생시켜서 한 편에서는 원하는 수요보다 훨씬 더 많은 재화를 공급하여 원하지 않는 대규모의 재고를 발생시킨다. 다른 한편에서는 수요는 있으나 이를 만족시킬 수 있는 재화의 공급이 없게 되어 소비자들의 불만족이 커지게 된다.

반면에 팀워크 방식은 소비자들이 다양한 재화를 원하는 것을 보면 그에 맞춰서 생산라인을 다양하게 전환시켜서 다양한 재화를 생산할 수 있다. 따라서 이 방식에서는 소비자들의 다양한 욕구들이 대체로 잘 만족되어지며 대규모 재고나 대규모 공급부족현상은 나타나지 않게 된다.

소비자들의 수요가 다양화되는 시기에는 두 방식이 동시에 경쟁한다 하더라도 불필요한 재고비용의 낭비가 없는 팀워크 방식이 재화의 생산비용을 컨베이어-벨트 방식보다 더 낮출 수 있어서 우월한 경쟁력을 갖게 된다. 소비자의 다양화된 수요를 충족시키는 면에서도 팀워크 방식이 훨씬 더 우월하며 그 결과 제품 판매량도 더 크고 이윤도 더 크게 된다. 결국 팀워크 방식은 이처럼 컨베이어-벨트 방식보다 더 큰 경쟁력을 갖게 되어서 경쟁과정에서 컨베이어-벨트 방식을 압도하게 되며 점점 더 많은 기업에 의해서 채택되게 된다. 경쟁의 결과 팀워크 방식이 승리하여 이 시기의 생산체제의 중심은 팀워크 방식으로 넘어가게 된다.[56]

---

56) 팀워크 방식은 일본에서 먼저 발명되어 그 후에 미국과 유럽으로 전파되었다. 팀워크 방식이 일본에서 먼저 개발되었던 것은 팀워크 방식이 노동자의 높은 숙련도와 노동자의 의사결정능력을 필요로 하는데 팀워크 방식의 도입시기에는 일본의 노동자들만이 이러한 능력을 갖고 있었기 때문이다.

팀워크 방식은 유연생산방식(또는 린생산방식)이라고도 하는데 이는 한 생산라인에서 한 재화만 생산하는 것이 아니라 유연하게 다양한 종류의 재화를 생산하기 때문이다. 다양한 종류의 재화를 생산하기 위해서는 노동자들이 생산과정에서 불필요한 재고가 쌓이는지 아닌지를 파악할 수 있어야 하며 그에 따라 지금 생산하는 재화를 계속 생산할 것인지 아니면 다른 종류의 재화의 생산으로 생산라인을 전환하여야 할지를 결정하고 필요하면 생산라인의 전환을 수행하고 새로운 생산라인에서 자신들이 해야 할 일을 찾아 체계적으로 조화롭게 이동할 수 있어야 한다.

이러한 의사결정을 노동자들이 잘 해나가기 위해서는 많은 교육과 훈련과정이 필요한데 컨베이어-벨트 방식하에서의 미국과 유럽의 노동자들은 전혀 의사결정능력을 향상시킬 연습과 훈련을 받지 못하여서 팀워크 방식으로의 전환이 불가능한 상태였다. 이에 반해 일본의 노동자들은 일본식 재고관리체제인 적시재고관리체제(just-in-time inventory control system)하에서 의사결정능력을 향상시킬 충분한 훈련을 받았기 때문에 팀워크 방식으로 쉽게 전환할 수 있었다. 적시재고관리체제란 생산과정상의 재고를 최소화하여 비용을 절감하는 것인데 재고를 최소화하기 위해서는 노동자들은 내일의 최종 재수요를 예측할 수 있어야 하고 이에 따라 내일 필요한 부품의 양을 결정하고 현재의 재고수준을 감안하여 내일 필요한 부품을 주문하게 되는데 이 과정에서 노동자들은 언제 무엇을 얼마 만큼이라는 의사결정을 계속하게 되는 것이다. 또한 생산이 중단되지 않기 위해서는 노동자들의 예측도 정확하여야 하고 부품주문량도 실제로 필요한 양과 거의 일치하여야 한다. 따라서 노동자들은 다양한 의사결정을 하고 또 그 의사결정이 대부분 정확하게 이루어지도록 실제 상황에서 강도 높

(3) 셀 생산방식

오늘날 팀워크 생산방식이 생산방식의 중심의 위치를 차지하고 있는 상황에서 좀 더 새로운 생산방식인 셀 생산방식이 일부 산업의 일부 작업장에서 부분적으로 도입되기 시작하였다.

셀 생산방식은 팀워크 생산방식에서 한 걸음 더 나아가 1-2명이 조립, 조정, 검사의 모든 공정을 소화하여 제품 전체를 생산하는 생산방식이다.[57] 따라서 셀 생산방식하의 노동자들은 팀워크 방식하의 노동자들보다 더 높은 숙련도를 필요로 하며 더 많은 교육과 훈련이 필요로 된다. 셀 생산방식하의 노동자들은 생산과정에 대한 이해도도 팀워크 방식하의 노동자들보다 더 높아지게 되며 따라서 생산과정의 전환도 더 신속히 더 부드럽게 진행될 수 있어서 다품종 대량생산이 더 잘 이루어질 수 있다.

셀 생산방식하의 노동자들은 전체 생산과정을 잘 이해하고 있어서 능숙하고 정확하게 생산작업을 수행할 수 있으며 그 결과 제품의 불량률도 크게 줄일 수 있게 된다. 이에 더하여 노동자가 한 작업대에서 조립과 검사작업을 동시에 수행하기 때문에 불량이 발생하면 즉각적으로 알 수 있으며 왜 그러한 불량이 생겨났는지를 즉각 파악할 수 있게 되어서 추가적인 불량이 많이 발생하지 않은 상태에서 동일한 잘못을 저지르지 않게 되기 때문에 불량률은 더 감소할 수 있게 된다. 셀 생산방식하의 노동자들은 전체 생산과정을 잘 이해하고 있어서 사소한 생산과정상의 기술혁신을 할 가능성도 매우 높다.

또한 셀 생산방식은 노동자들의 정신건강에도 큰 도움을 줄 수 있다. 셀 생산방식하의 노동자들은 동일한 작업만을 반복적으로 계속

은 훈련을 받게 되었다. 노동자들의 의사결정능력은 팀워크 방식의 도입 이전에 이미 상당한 수준에 도달한 상태여서 노동자들은 팀워크 방식에 쉽게 적응할 수 있었다.

57) 셀 생산방식은 이러한 면에서 옛날의 수공업체제와 비슷하지만 옛날에 비해 훨씬 더 복잡한 제품을 생산한다는 점에서 차이가 있다.

수행하는 것이 아니라 다양한 많은 작업을 수행하게 되어서 컨베이어-벨트 방식에 비해 작업에 대한 권태감을 훨씬 덜 갖게 되고 작업에 대한 흥미와 보람을 느끼며 생산활동을 할 수 있게 되는 것이다.58)

노동자들의 숙련도가 높아서 노동자들이 생산의 모든 과정을 충분히 잘 알고 능숙하게 일을 수행할 수 있다면 셀 생산방식하에서 노동자들은 다양한 제품을 생산하면서도 생산성을 높일 수 있게 된다.59) 실제로 복사기, 컴퓨터, LCD TV등 소형 가전제품분야에서는 셀생산방식의 생산성이 컨베이어-벨트 방식보다도 훨씬 높은 경우들이 자주 발생하고 있으며 그 결과 셀 생산방식을 도입하는 기업들이 상당히 늘어나고 있다. 그러나 이 방식은 이제 그 전파가 시작되는 단계이며 아직은 자동차등 대형제품의 완제품생산에 이 방식을 사용하고 있는 기업은 없는 상태이다.60) 셀 생산방식으로 소형가전제품보다도 훨씬

58) 볼보자동차가 1987년에 볼보의 우데발라공장에 셀 생산방식을 도입하였던 이유는 셀 생산방식이 이처럼 노동자의 권태감을 줄여주어서 공장 결근율과 공장 퇴사율을 줄여줄 수 있을 것이라고 생각하였기 때문이었다. 경제가 발전하고 실업수당 등의 복지혜택이 많은 선진국에서는 노동자들은 힘들여서 열심히 일할 이유가 없다. 회사를 그만 두어도 상당기간동안 상당한 실업수당을 받을 수 있는 상황에서 일이 힘들고 재미없으면 회사가 노동자를 붙잡아 두기가 어려운 것이다. 노동자들의 장기결근율이 매우 높은 상태에 도달하자 볼보자동차는 그에 대한 대책으로 셀 생산방식을 도입하게 되었던 것이다. 스웨덴 뿐 아니라 다른 선진국들의 경우에도 노동자들의 일할 의욕을 고취시키는 문제는 중요한 문제라고 할 수 있으며 그러한 측면에서 셀 생산방식을 도입할 가능성은 앞으로도 계속 존재할 것이다.

59) 다양한 기능을 신속히 잘 수행할 수 있는 숙련된 노동자들이 없다면 셀 생산방식을 사용할 수는 없다. 이러한 노동자들이 없는 상태에서 성급히 셀 방식을 도입한다면 생산과정은 자주 끊기게 되며 생산작업도 매우 느리게 진행되어서 생산성은 매우 낮을 수밖에 없으며 생산된 제품의 불량률도 매우 높아지게 될 것이다. 이 경우에는 컨베이어-벨트 방식에 비해서도 생산성이 낮게 되어 살아남기 어려울 것이다.

60) 자동차분야에서 볼보자동차가 이 방식을 도입하였던 적은 있으나 지금은 이 방식을 사용하고 있지 않다. 그렇다고 하여 볼보자동차의 실험이 완전히 실패하였다고 단정지울 수는 없다. 볼보자동차는 우데발라공장에 이 방식을 도입하였는데 처음에는 우데발라공장의 생산성이 매우 낮았으나 그 후 꾸준히 생산성이 향상되어 미국의 자동차공장들과는 경쟁할 수 있는 수준까지 생산성이 향상되었다. 1993년 볼보는 우데발라공장을 폐쇄시켰는데 그 이유는 시장상황이 매

더 복잡하고 크기가 큰 자동차와 같은 대형제품의 생산을 효율성 있고 경쟁력 있게 하기 위해서는 복잡한 생산과정을 전부 다 이해하고 소형가전제품에 비해 훨씬 더 다양한 많은 작업들을 능숙하게 잘 수행할 수 있는 숙련된 노동자들이 필요로 된다. 자동차와 같은 제품의 생산과정을 셀 생산방식으로 전환할 수 있기 위해서는 이러한 고도의 숙련공들을 많이 양성할 수 있어야 하는데 그 작업은 매우 어렵고 오랜 시간이 걸리는 작업일 것이다. 따라서 자동차와 같은 제품의 생산에 셀 생산방식을 도입하는 것은 쉽지 않은 작업일 것이다.

이처럼 셀 생산방식이 소형가전제품과 같은 제품의 생산에서는 상당한 성공을 거두고 있지만 자동차와 같은 복잡하고 규모가 큰 제품의 생산에도 잘 적용될 수 있을지는 아직 잘 알 수 없다. 셀 생산방식이 앞으로 소형가전제품의 분야를 넘어서서 얼마만큼 더 많이 더 넓은 분야로 확산될 수 있을 것인지는 좀더 지켜보아야 할 것이다.

우 좋지 않아서 유휴생산설비가 많이 발생하여 일부공장의 폐쇄가 불가피하였기 때문이며 우데발라공장이 생산성이 아주 낮고 생산성 향상의 가능성이 없기 때문이 아니었다. 전문가들의 의견이 갈리고 있지만 일부 전문가들은 우데발라공장의 가동을 몇 년 더 계속하였다면 우데발라공장의 생산성이 일본자동차공장의 생산성에 상당히 접근할 수 있었으리라고 추측하기도 한다.

우데발라공장은 폐쇄되었으나 셀 생산방식의 효율성에 대한 실험은 끝나지 않았다. 과연 셀 생산방식이 자동차산업(또는 대형기계산업)과 같은 산업에서도 사용될 수 있는지에 대한 좀 더 오랜 기간의 정교한 실험이 필요로 된다 하겠다.

참 고 문 헌

경제개발협력기구(OECD)(편)(이근 외 역)(1995), 『과학과 기술의 경제학』, 경문사.

고상원(1997), 『기술변화와 고용』, 과학기술정책관리연구소.

김인걸(1996), "자체기술개발 및 기술도입과 경제성장과의 상관관계에 관한 국가 및 산업간 비교연구", 『산업조직연구』, 제4집.

김인걸(2006), 『기술혁신전략과 경제성장: 한-일 비교연구』, 국민대학교 출판부.

김정홍(2005), 『기술혁신의 경제학』, 시그마프레스(주).

김종범(1990), "기술이전과 기술개발의 관계분석: 이론적·실증적 접근", 『한국행정학보』, 제24권 제2호.

_____(1993), 『과학기술정책론』, 대영출판사.

애덤 스미스(김수행 역)(2004), 『국부론』, 비봉출판사.

이가종(1990), 『기술혁신전략』, 나남.

제임스 워맥, 다니엘 존스, 다니엘 루스(현영석 역)(1991), 『생산방식의 혁명』, 기아경제연구소.

제프리 라이커(김기찬 역)(2004), 『도요타 방식』, 가산출판사.

존 헤스켓(정무환 역)(2004), 『산업 디자인의 역사』, 시공사·시공아트.

칼 마르크스(김수행 역)(1993), 『자본론』, 비봉출판사.

(일본) 과학기술청, 『과학기술연구조사보고』, (각 년도).

______________, 『과학기술요람』, (각 년도).

(일본) 은행조사통계국, 『경제통계연보』, (각 년도).

한국산업기술진흥협회, 『산업기술주요통계요람』, (각 년도).

Abramovitz, M. (1957), "Resources and Output Trends in the United States since 1870", *American Economic Review*, vol.46, pp.5-23.

Berggren, C. (1994), "Nummi vs. Uddevalla", *Sloan*

Management Review, vol.35, pp.37-49.

Carlsson, B. (ed.) (1989), *Industrial Dynamics: Technological, Organizational, and Structural Changes in Industries and Firms*, Boston, Kluwer Academic Publishers.

Cohen, W. (1995), "Empirical Studies of Innovative Activity", in Stoneman, P.(ed.), *Handbook of The Economics of Innovation and Technological Change*, Oxford, Blackwell.

Denison, E.F. (1967), *Why Growth Rates Differ: Post-War Experence in Nine Western Countries*, Washington, DC, Brookings Institution.

____________ and W.K. Chung (1976), *How Japan's Economy Grew so Fast: The Sources of Postwar Expansion*, Washington, DC, Brookings Institution.

Ettlie, J.E. (2000), *Managing Technological Innovation*, New York, John Wiley & Sons, Inc.

Fagerberg, J. (1988), "Why growth rates differ", in Dosi,G. et al.(eds), *Technical Change and Economic Theory*, London, Pinter Publishers.

Freeman, C. (1982), *The Economics of Industrial Innovation*, 2nd Edition, Cambridge, The MIT Press.

Freeman, C. and L. Soete (1997), *The Economics of Industrial Innovation*, 3rd Edition, Cambridge, The MIT Press.

Galbraith, J. K. (1952), *American Capitalism: The Concept of Countervailing Power*, Boston, Houghton -Mifflin.

Gomulka, S. (1990), *The Theory of Technological*

Change and Economic Growth, London, Routledge.

Heertje, A. (2006), *Schumpeter on the Economics of Innovation and the Development of Capitalism*, Cheltenham, Edward Elgar Publishing Inc.

Kamien, M.I. and N.L. Schwartz (1982), *Market Structure and Innovation*, Cambridge, Cambridge University Press.

Kapstein, J. and J. Hoerr (1989), "Volvo's Radical New Plant: 'The Death of The Assembly Line'?", *Businessweek*, August 28.

Rosegger, G. (1986), *The Economics of Production and Innovation*, 2nd Edition, New York, Pergamon Press.

Schumpeter, J.A. (1911), *The Theory of Economic Development*, Oxford, Oxford University Press.

________________ (1939), *Business Cycles*, Oxford, Oxford University Press.

________________ (1943), *Capitalism, Socialism and Democracy*, London, George Allen and Unwin.

Silverberg, G. and L. Soete (eds) (1994), *The Economics of Growth and Technical Change: Technologies, Nations, Agents*, Aldershot, Edward Elgar Publishing Inc.

Solow, R. (1957), "Technical change and the aggregate production function", *Review of Economics and Statistics*, vol. 39, pp. 312-20.

The Economist (1988), "Factory Automation: Living With Smart Machine", vol.307, pp.79-82.

Tisdell, C.A. (1981), *Science and Technology Policy*, New York, Champam and Hall.

Tylecote, A. (1992), *The Long Wave in the World Economy: The Current Crisis in Historical Perspective*, London and New York, Routledge.

West, A. (1992), *Innovation Strategy*, New York, Prentice Hall.

기술혁신의 경제학 가격 8,000원

초 판 발 행	2008년 2월 28일
2판1쇄발행	2015년 2월 6일
저 자	김 인 걸
발 행 인	유 지 수
발 행 처	국민대학교 출판부
주 소	서울시 성북구 정릉로 77
전 화	02-910-4242,3
팩 스	02-910-4240
등록년월일	1975. 6. 17
등 록 번 호	제6-33호
인 쇄	(주)상지피앤아이

 ISBN 978-89-7812-344-0 93320

국립중앙도서관 출판예정도서목록(CIP)

기술혁신의 경제학 / 저자: 김인걸. -- 2판. -- 서울 : 국민대학교 출판부, 2015
p. ; cm

참고문헌 수록
ISBN 978-89-7812-344-0 93320 : ₩8000

기술 경제학[技術經濟學]

320.189-KDC6
330.1-DDC23 CIP2015003171